KB242942

야들야들 오밀조밀
어찌저찌 흐물흐물

야들야들 오밀조밀 어찌저찌 흐물흐물

이원희

일러두기
저자 고유의 문체를 위해 맞춤법은 저자의 스타일을 따릅니다.
책 제목 등 매체명은 겹낫표(『』)로, 프로그램명, 곡명 등은 홑화살괄호(〈〉)로
표기했습니다.

목차

모든 시작은 작은 노트에서
위로는 쌓인 책에서
용기는 보이지 않는 곳에서 온다.

　집 앞 사거리 횡단보도 중 두 개는 길고, 나머지 두 개는 짧다. 짧은 횡단보도가 있는 곳에서는 비슷한 장면을 자주 목격한다. 빨간불일 때, 차도에 차가 없을 때, 건너려는 사람이 서너 명 정도 있을 때 누군가 총대를 메듯 좌우를 빠르게 두리번거리다가 "제군들! 지금이다!" 이런 느낌으로 후다닥 건너면 나머지 사람들이 마치 일행인 것처럼 뒤를 따른다. 그때마다 마음속 깊은 곳에서부터 흔들리는 나를 마주한다. 저들과 함께 할 것인가. 녹색불을 기다릴 것인가. 겁보인 나는 제군이 되기 전에 어디선가 나타나는 차들 덕분에 녹색불에 길을 건넌다.

　아침이 되면 눈을 뜨고, 밤이 찾아 와 눈을 감을 때까지 하루는 번거롭고, 번잡한 일들로 차곡차곡 쌓인다. 횡단보도 하나 건너는 것도 우왕좌왕하며 마음을 써야 하는 삶이란. 그런데도 비슷한 시간에 일어나고, 눕기를 반복하며 잘 씻고, 먹고, 자는 생활을 포기하지 않는 자신을 다독인다. 오래전부터 글을 썼지만, 주로 다른 사람의 이야기를 전달하는 역할이었다. 그 사이사이 놓치그 싶지 않은 장면은 짧은 조각 글로, 기억하고 싶은 순간은 조금 긴 글로 기록했다. 누군가의 이야기를 오해와 거짓 없이 전달하는 게 늘 어렵다고 믿었다. 인생은 언제나, 틀림없이, 믿는 도끼에 발등 여러 번 찍히면서도 처음인 양 낯설어하는 법. 쌓인 글을 한곳에 모아 책이라는 집을 만들고 싶었다. 누구나 들어와 천천히 둘러보고, 쉬다 갈 수 있는 부담스럽지 않은 집 말이다.

스무 살 무렵에는 엄마의 장아찌 같은 사람이 되고 싶었다. 적당히 잘 익어 과하지도, 부족하지도 않은 맛. 흰쌀밥과 먹어도 잘 어울리고, 구운 고기에 곁들이기도 좋은 맛. 튀지 않고, 어디에나 잘 어울리지만, 필요한 순간에는 감칠맛을 내줘 평소 냉장고에 넣어 두는 것만으로도 든든한 그런 맛. 그런 장아찌같은 사람이 되고 싶었다. 나이는 숫자에 불과하다지만, 숫자가 주는 부담은 어쩔 수 없다. 십여 년이 흐른 지금은 장아찌고 나발이고 '무엇'이 되고 싶은 마음보다 오직 존재하고 싶은 마음뿐이다.

1부
마감 중 조각들

성실은 집착과 애정을 바탕으로 한다.

16

　예전의 나는 가방이 열린 채 다니는 친구의 가방을 닫아주는 사람이었다면 지금의 나는 가방이 열린 채 다니는 그 친구 같은 사람이다.

불안 대처법

1. 냉장고에 있는 야채 몇 가지를 손질해서 솥에 넣고 푹 찐다. 불린 병아리콩 넣어 만든 현미밥, 끓는 물에 8분 삶은 반숙 계란과 먹으면 올라왔던 불안도 싹 가신다.

2. 방울토마토 한주먹 송송 썰어 올리브유에 볶다가 계란 두 개 곱게 풀고, 후추 솔솔 뿌려 같이 볶으면 아름다운 한 접시 완성. 아침, 저녁으로는 청도에서 나고 자란 씨 없는 감 하나씩 먹는 호사를 누린다. 먹는 게 최고다.

3. 일어나 침대 정리하고, 컴퓨터 훑어보고, 커피 내리고, 빵 구워 잼 발라 먹고, 빨래 정리하고, 화분에 물 주고, 세탁기 돌리고, 빨래 널기를 기다리며 컴퓨터 훑어보고, 오늘은 꼭 끝내야 하는 일들을 노트에 적고, 다시 컴퓨터 훑어보고, 노래를 듣다가 세탁기가 다 돌아간 것 같아 베란다로 나간다.

4. M은 셰익스피어의 『햄릿』*을 옆집 순이네 이야기처럼 내게 전달한다. 신통방통하다. 양쪽 베란다의 창문을 활짝 열어놓고 가장 큰 방의 바닥에 누워 이야기를 듣는다. 오필리아가 어쩌고, 햄릿이 어쩌고, 저쩌고. 약하게 틀어놓은 선풍기 바람이 다리 밑으로 들어온다. 초여름의 기분이다. 카페인이 없는 가루 커피를 진하게 풀어 얼음 다섯 개 넣고 차갑게 만들었다. 세무서의 일도, 구청의 일도, 도서관의 일도 다 번거롭다. 점심으로는 어젯밤에 만들어 놓은 꽁치 김치찌개와 라면 하나를 끓여 먹어야지. 새 컴퓨터가 생겨서 좋고, 컴퓨터가 생긴 뒤로 컴퓨터만 보는 것은 싫고, 주방에 있는 노란 꽃이 좋고, 홍콩야자가 시드는 것은 신경쓰인다. 정착하고 싶다.

5. 일주일에 한 번 문학과 광기에 대한 수업을 듣는데 소량의 미침은 생산에 도움이 될 수 있다는 짧은 생각이 든다. 요즘 내가 지나 온 자리를 보면 흐릿한 수강생의 발자국으로 정신이 없다. 수태에 붙어 사는 풍란처럼 어딘가 붙어살려고. 다른 난에 비해 꽃이 쉽게 핀다는데 쌜쭉한 나비처럼 생겼다. 미쳐서 잘 키워야지.

6. 점심으로 은행을 넣은 흰 쌀밥을 하고, 된장국을 끓이고, 햄을 굽고, 해초 무침을 먹어야지. 이 생각을 하고 나니 일이 손

에 잡힌다.

7. 부랴부랴 집에 들어와 김치 청국장 재료를 냄비에 던져 넣고 끓이는 동안 어슐러 르 귄의 부고 기사를 읽었다. 글쓰기 공부하려고 샀던 첫 책이 그녀의 것인데 괜히 펼쳐보고, 닫았다. 오늘도 여전히 빈틈없이 춥다. 보일러 빵빵하게 틀고 다음 달에 무슨 일이 있었냐는 듯 놀래야지.

*『햄릿』, 윌리엄 셰익스피어, 최종철 옮김, 민음사, 1998

1인의 삶

아침 6시 38분에 일어나 세탁기 스피드워시로 돌리고, 돌아가는 30분동안 모시 이불 속으로 다시 들어간다. 오전에는 자질구레한 일들을 책상1에서 처리하고, 작업실로 출근. 걸어서 15분. 본격 하루는 책상2에서 보낸다. 여름에는 해가 완전히 떨어진 오후 8시 이후 퇴근하고, 다시 책상1에서 책을 읽는다. 사주를 본다. 별자리를 찾아본다. 와중에 때마다 묵주함의 먼지를 털어낸다.

많이 압축한 1인의 삶.

오래된 집에 사는 사람

집에 대해 말하자면 하고 싶은 말이 너무 많아 그 시작을 어디로 잡아야 할지 모르겠다. 범위를 조금 줄여서 '낡은 집'에 대해 이야기하겠다. 이 집에도 좋은 점은 몇 가지 있지만, 좋은 점에 푹 빠지면 뒤에서 누가 후라이팬을 휘두르는 것처럼 뒤통수를 꽝 맞는 일이 생긴다. 물리적인 뒤통수갈김이다. 어딘가 물이 샌다든가, 또 다른 어딘가 물이 샌다든가 등등등. 집과 내가 정서적으로 가까워지면 누가 우리 사이를 가르려고 휙 끊어 버린다. 집과의 거리두기. 정서적 거리두기가 가능해진다. 최대한 피하고, 멀리하고, 흐리게 보는 게 가능해진다. 실제로 시력이 좋지 않아 안경만 벗으면 모든 게 흐려 보인다. 식물을 하나, 둘 들이기 시작한 것도 상대가 누구냐에 따라 이유를 다르게 대답했지만, 진실된 마음 속 첫 번째 이유는 집과의 정서적 거리를 좁히기 위해서였다.

불면의 밤

　잠을 잘 자는 나에게 불면의 밤이 오면 궁여지책으로 라디오를 아주 작게 틀고, 잠을 기다린다. 듣는 라디오 채널은 딱 하나라서 선택의 괴로움은 없다. 새벽 시간에는 낮에 했던 방송이 다시 나온다. 좋아하는 아나운서가 진행하는 방송이 나오면 목소리를 듣느라 소리를 조금 키우기도 한다. 어둠 속에서 잘 들으려고 집중하면 금세 잠이 든다. 오늘이 그런 밤이다.

새로 맞춘 안경이 평소 쓰던 테보다 두꺼워 왼쪽 귀를 아프게 짓누른다. 눌린 귀가 펴질 때까지 안경을 벗기로 했다. 세상이 흐릿하다. 흐릿해서 마음이 편할 때가 있는데 어떤 경우인가 하면 내가 잘 안 보이면 마주오는 사람도 잘 안보일 것이라는 말도 안 되는 착각에서 오는 편안함이다. 그런데 어제는 좀 달랐다. 동네 인사왕 청년이 다가와 밝은 목소리로 말을 걸었는데 바로 대답을 못 했다. 그 청년은 모른다. 내 앞이 어둡다는 걸. 자신이 누군지 횡설수설 설명해줘서 그제야 인사를 했다. 평소보다 더 큰 목소리로 인사했다. 귀가 어두우면 목소리가 커진다는 건 알았는데 눈이 어두워져도 목소리가 커진다. 괜히 커진다.

일어나자마자 물 한 컵 들이키고, 방마다 블라인드 올리고, 라디오 틀고, 그라인더에 원두 두 스푼 넣어 빠르게 돌리고, 강아지 밥 준비하면서 오븐 데우고, 모카포트에 물 붓고, 원두 착착 넣어 온도 5단계, 타이머 7분 맞춘다. 그 사이 커피에 넣을 생수 400ml 끓이고, 다 데워진 오븐에 식빵 두 장 밀어 넣고, 머그컵 두 개 꺼내 하이라이트 앞에서 발 동동하면 커피 완성. 순서가 엉키면 고장 난 로봇이 되는데 오늘 아침은 완벽했다.

검지의 쓰임

손톱을 정리하려다가 왼손 검지 손가락에 힘을 줄 수 없다는 걸 알고, 손톱정리를 포기했다. 항상 쥐던대로 할 수 없으니까 손가락도 오른손도 어떻게 취해야하는지 엉킨거다. 다섯 손가락 중 딱 하나. 검지 손가락 끝을 다쳤을 뿐인데 생활 곳곳에서 손가락 동선이 꼬인다. 씻을 때는 비닐 장갑에서 손가락 부분만 잘라 테이프로 칭칭 감는데 씻는 내내 피가 통하지 않아 왼손만 차갑고 허옇다. 그래서 쓸모, 쓰임에 대해 생각해 본다. 모든 손가락에는 각자의 쓰임이 있듯이 작년과 올해는 나의 쓰임에 대해 인증을 받고자 각종 서류를 모으고, 만드는 일에 시간을 쓰고 있다. 산 넘어 산이다. 쓸모있는 사람이 되고 싶다가도 그 쓸모를 누가 판단하나, 할 수 있나 싶은 건방진 생각이 들다가 '아이고 선생님 저도 쓸만합니다' 하는 비굴한 생각도 든다. 방구석에 누워만 있고 싶어도 아침이면 일어나고, 저녁이면 군말없이 잠드는 것만으로도 쓰일 가치가 있다고 스스로 위로해 본다.

혀끝치

　가운데 아랫니 뒤에 작은 이가 하나 더 있다. 한 몸처럼 붙어있다. 입을 다물고 있으면 혀끝이 작은 이에 닿아 혀를 좌우로 움직이는 습관이 있다. 작은 이는 유치가 빠지고 영구치가 자라면서 생겼다. 놀란 엄마에 비해 치과 선생님은 사는 데 지장 없다고 해 그 자리 그대로, 영구치 뒤에 숨어 있다. 숨은 이에 어떤 이름을 붙여줘야 할까. 새삼 이름이 없어 서운했겠구나 싶었다. 의학 사전을 들춰보면 가운데 아랫니의 명칭은 '중절치'다. 뒤에 있는 이는 '숨은 중절치'라고 해야 할까. 그렇다고 하기엔 혀끝에 가장 먼저 닿는다. 숨은 이가 아니라 제일 잘 느껴지는 이다. 그럼 '혀끝치'는 어떨까. 혀에 자란 이 같은 느낌. 신비롭고 징그러워 마음에 든다.

　이름을 갖는 것. 이름으로 불리는 것. 누군가는 이름을 지키기 위해 싸우기도 한다. 싸움의 동기와 형태는 제각각이라 하나로 묶어 이야기할 순 없지만, 주체가 소수일 때 치열해진다. 싸움의 치열함을 이해하지 못했던 무지한 시절도 있었다만.

혀끝치는 송곳니를 반으로 자른 형태라 혀를 세게 움직이면 아
릿하다. 혀가 똑바로 안착하지 못하고 살짝 비껴있는 것도, 그
래서 입꼬리가 자꾸 내려가는 것도, 혀의 신경이 혀끝치에 닿
아있어서 일지 모른다.

어떤 믿음

스스로 안도할 수만 있다면 종교와 미신, 철학의 영역을 자유롭게 넘나드는 사람의 책상에는 부적의 물건이 있는 법. 지난달의 부적은 왼손 쓰기 때문에 가까이 놔둔 연필깎이와 사과 모양 문진, 동료의 돌덩이였다. 부적의 효과가 떨어지면 서랍으로 들어간다.

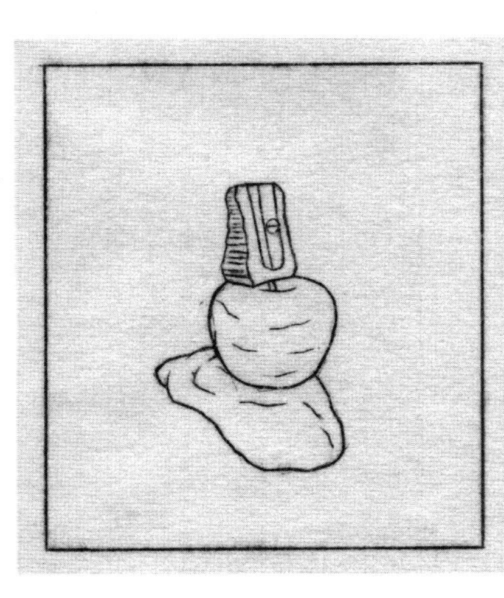

와이파이와 아주머니

마을버스에서 마주친 아래층 아주머니께 이사 소식을 전했다. "아주머니 저희 3월에 이사 가요." 아주머니는 아주, 많이 아쉬워하셨다. 좋은 사람들은 항상 자신의 곁을 떠난다는 말씀도 하셨다.

우리는 알고 있다. 우리 집 와이파이를 함께 사용하시는데 우리보다 와이파이가 더 아쉬우셨을 것이다.

12월 한파가 몰아친 겨울 아주 늦은 밤
길에서 막걸리를 사는 법

리어카에 막걸리를 한가득 싣고 가는 아저씨를 마주쳤다. 보풀이 난 갈색 목도리를 머리에 칭칭 감고 여러겹 겹쳐입은 탓에 빨간 니트 겉옷이 땅땅해보인다. 콧물을 옷깃으로 닦으며 리어카를 앞으로 밀고가는 아저씨를 향해 운전자는 자동차 창문을 내리고 외쳤다.

"아저씨! 막걸리 한 병 얼마예요?"
"한 병에 3천 원, 두 병에 5천 원이요!"
"한 병 주세요. 이거 이동막걸리죠?"
"네네. 아시네요. 누워서 보관하지 마시고, 냉장고 시원한 곳에 세워서 보관하세요. 잠시만요.
거스름돈이..."

두 자매 이야기

각자의 사적영역이 명확하게 구분되어 참견하지 않는 언니와 나의 관계는 모든 자매가 그렇듯 몇 번의 분기점을 지나며 모습이 변했다. 초등학생일 때는 등하교를 함께 하며 꽤 즐겁게 생활했고, 중고등학생일 때는 잘 다퉜던 것 같다. 언니는 입시를 호되게 치뤘고, 나는 널널하게 보냈는데 그런 시기들을 거쳐 이십대가 되고, 언니의 빈자리를 처음 느낀 건 어학연수로 1년 동안 집을 비웠던 때였다.

언니가 없어지고 나서야 우리집의 목소리 담당이었다는 것, 분위기를 만드는 역할이었다는 걸 깨달았다. 그 해 우리집은 고요했다. 이후 관계의 가장 큰 변화는 언니의 결혼이었다. 생활하는 지역이 바뀐 건 아니었지만, 언니만의 가족이 생긴다는 건 다른 의미였다. 신경써야 하고, 조심해야 하는 게 늘었다. 언니 얼굴에 먹칠하면 안되겠구나. 이런 생각. 서로의 어느 구역은 절대 넘지 않지만, 필요한 순간에는 바로 투입되고, 그 순간이 끝나면 아무 일 없었다는 듯 각자의 자리로 돌아간

다. 간지러운 이야기는 고사하고, 해야 할 말만 대충 던져도 찰
떡같이 알아 듣는다.

상처의 기원

원고를 정리하다가 오토바이 사고 부분이 눈에 들어왔다. 사고 때문에 생긴 오른손 상처는 이게 상처인지 주름인지 알 수 없을 정도로 흐려졌고, 기억도 두툼한 안개가 낀 것처럼 뿌 옇지만, 퇴원하고 먹은 짜장면은 또렷하게 기억난다.
맛있었어 그 짜장면. 그 집 오토바이에 치인건데!

만남 – 연애 – 권태 – 이별 – 재회 중 권태 단계에서

‘애인’과 ‘연애’

두 개의 단어가 주는 단물이 모두 빠진 지금이 이 연애의 진
짜 시작점이 아닐까. 모든 기대와 두근거림이 세탁기 물 빠지
듯 다 빠진 상태. 심리적 거리가 가까우면 자주 싸울 수밖에 없
다는 아무개 박사의 진단이 나의 마음을 만진다. 이 이야기를
오늘, 순천향병원에서 양재동으로 향하는 버스 안에서 H와 나
누었다. H는 본인의 낮은 자존감이 모든 만남에 걸림돌이 된
다고 했고, 나는 쌈닭 같은 성격이 지금의 연애에서만 걸림돌
이 된다고 답했다. 머리가 하얗게 세고, 가슴이 뻥－ 뚫리는 건
마주 앉아 밥을 먹는 애인이 있어도 채워질 수 없는 세계의 이
야기다.

재작년인가요. 절판된 책의 초판 2쇄본을 구해 책장을 넘길 때마다 재채기했던 책의 중쇄본이 32년만에 나왔고요. 표지의 이름은 시인의 친필 사인이라고 합니다. 너무 좋으면 책장을 못 넘기는데 새해가 되어야 넘길 수 있을 것 같아요. 그나저나 국공기를 하나 샀는데 밥공기가 와서 교환하려고 보니 국공기가 맞네요. 다들 국을 조금 먹나봐요. 저도 이제 소식하려고요.

미션파서블

스무 살 초반에 잠시 일했던 잡지사 편집장님이 야근하던 중 빈 회의실로 급하지 들어가 크고, 다정하고, 높은 목소리로 통화하는 걸 들은 적이 있다. 엿들은 건 아니고 바깥에 있는 누구나 들을 수 있는 그런 볼륨의 목소리였다. 통화 상대가 아기라는 건 쉽게 알아차릴 수 있었고, 돌이 안 된 편집장님의 아기라는 것도 금방 알 수 있었다. 통화가 끝나고 문을 열고 나온 편집장님은 엄마에서 편집장님으로 돌아왔다. 함께 통화 내용을 들은 에디터가 다음 달에 있을 아기 돌잔치 준비는 잘 돼가시냐, 힘들지 않으시냐 물으니 편집장님은 낮고, 굵직한 목소리로 이 모든 일을 기사 한 꼭지 쳐내는 마음으로 하면 된다고 하셨다. "내 결혼식도 기사 하나 쓴다는 마음으로 하니까 쉽더라. 못 할 게 없어." 서른 중반을 향해 고속으로 달려가는 이 시점에서 종종 그때 편집장님의 한 마디가 떠오른다. 나는 결혼도 안 했고, 아이도 없지만, 따발총처럼 터지는 일들을 '한 꼭지 쳐낸다'는 마음가짐으로 대하면 쌈빡하게 쉬워진다.

심각한 역 'C' 커브로 향하고 있다는 목 상태를 보고 경각심을 느끼기 위해 컴퓨터 옆에 X-ray 필름을 붙여놨다. 이틀째 고개는 왼쪽 어깨 방향으로 기울었다. 종종 누가 나의 머리를 뒤에서 잡아당기는 것처럼 아픈 날들이 있었는데 그게 다 목 때문이란다. 목이 머리를 온전히 다 받치고 있어서 근육까지 생겼다고. 덕분에 며칠 동안 자체 휴가다. 아픈 곳이 있어야 죄책감 없이 쉴 수 있는 성정은 어느 병원으로 가면 고칠 수 있을까. 동네 정형외과와 한의원을 돌고 돌아 한 곳에 정착해 치료받는데 처음 방문했던 정형외과 의사의 제안을 받았더라면 어땠을까 궁금해진다. 이쁘게 말아져 앙증맞았던 핑클 파마 할아버지 의사 선생님의 20주짜리 로봇 치료 프로그램. 무려 200만 원. 그 병원에서 가져온 건 X-ray 필름 두 장뿐이다.

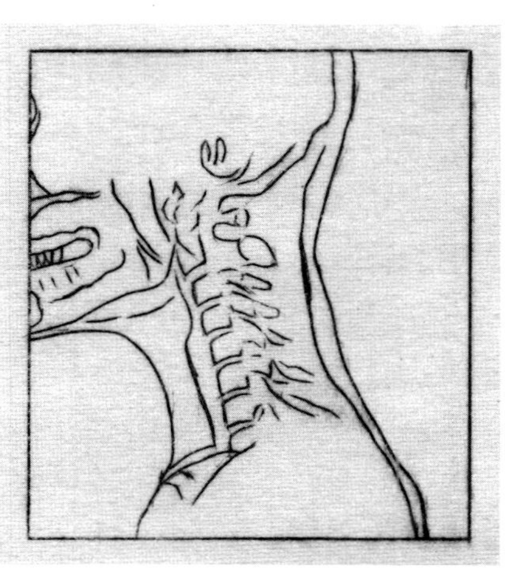

만원 버스에서 운 좋게 자리에 앉아 지나가는 창밖 풍경을 보고, 서 있는 사람들을 쭉 둘러보다가 눈이 멈춘 곳은 등받이의 모서리 손잡이를 잡고 있는 굳은 손이었다. 딱딱한 손. 소매로 반쯤 덮은 손등, 곧게 뻗은 손가락이 외할아버지의 손과 비슷했다.

외할아버지는 젊은 시절 아파트 단지의 방역 일을 하시다가 오른팔의 절반을 잃어버리셨다. 내가 태어나기 훨씬 전의 일이라서 사고 당시의 긴박함이나 고통의 순간을 함께 경험하진 못했다. 할아버지의 오른팔이 장난감이 아닌 생존을 위한 필수품이라는 걸 자각한 나이가 되었을 땐 의수와 남은 팔의 결합에 잘 적응하신 것처럼 보였다. 살아계실 때 자세한 걸 묻진 못했지만, 선명한 기억은 남아있다. 할아버지의 아침은 팔의 결합으로 시작했다. 거실에 있던 4단 서랍장의 두 번째 칸에서 의수와 각종 거즈를 꺼내 남은 팔과 합체하셨고, 저녁이 되면 그 서랍에 의수와 거즈를 다시 넣으셨다. 대부분의 일은 왼손으로 하셨다. 무거운 짐을 들어야 할 때는 꼭 배낭을 메셨다. 종이에 글씨를 써야 할 땐 주말까지 차곡차곡 모았다가 본인의 딸이자 나의 엄마에게 부탁하셨다. 엄마의 손글씨가 기가 막히게 아름답기도 했지만, 무엇보다 엄마는 온전한 오른손이 있는, 오른손을 자유자재로 쓸 수 있는 사람이기도 했다.

글을 쓰다가 숨이 탁- 하고 막힐 때면 고개를 좌우로 돌리기도 하고, 한 곳을 멍하니 바라본다. 눈으로 구멍을 뚫을 것처럼 강하게 힘을 줘 쳐다보면 뭔가 번뜩하고 지나간다.

'정신 차려야지.' 싶은 순간이다.

이미 뭔가 지나갔다. 그럼 그건 일어난 일이 되는 거다. 할아버지의 그날도 그랬을까. 돌아가신 지 13년째. 이제서야 자세하게 상상한다. 끔찍하지만, 당사자의 아픔만큼 끔찍할까. 그건 아니다. 쥐도 새도 모르게 여름이 오면 동네 곳곳에 하얀 연기를 내뿜는 방역 트럭이 오간다. 구석구석 왔다 갔다 작은 틈도 허락하지 않는 연기가 사방을 뒤덮고, 진한 냄새가 옅어질 때쯤 하얀 연기도 흩어진다. 지독한 약품 냄새보다 먼저 떠오르고, 휘발되는 건 할아버지의 오른팔이다.

버스 기사가 갓길에 버스를 세우더니 씩씩거리며 문을 열고 어딘가로 뛰어간다. 앞에 가던 차가 거슬렸는지 스타카토 크락션을 선보이더니 정말 앞차를 향해 가는 것일까? 어라? 뒤로 가네? 아랫도리를 한 손으로 움켜쥐고 뒤로 간다. 뒤로 뛴다. 아 급하셨구나. 그래서 그렇게 누르셨구나.

가끔 타인의 행동이(버스 안에서, 전철 안에서, 상점 안에서 밖을 바라보다가) 두드러지게 눈에 들어오는 경우가 있다. 오늘 저녁에는 신호에 대기 중인 버스 안에서 바라본, 세탁을 맡겼던 셔츠 두 장을 찾아 승용차에 올라타는 젊은 회사원의 모습이 그랬다. 귀가하는 길인 듯 보였다. 표정은 어둡지 않았다. 직장인의 스트레스가 느껴지지 않았다. 풍족한 느낌은 아니었지만 그렇다고 부족한 느낌도 아니었다. 이런 느낌들이 나를 칠 때가 있다.

　　일요일 밤 8시 34분.

이미 만취한 아저씨는 주절대며 버스에 올라탄다.

카드를 찍을까 말까 고민하면서 기사에게 변명한다.

기사는 낮은 목소리로 카드를 찍으라고 한다.

삑 –

카드를 찍고 돈이 나가는 소리.

만취 아저씨는 돈이 나갔다며 투덜댄다.

좌우로 흔들리는 버스에서 같이 흔들리니

손잡이를 잡지 않아도 넘어지지 않는다.

취한 사람.

양평에 사는 친구가 또 한 잔 하자고,

다시 버스를 탔는데 돈이 나갔다고 투덜거린다.

아무도, 기사도, 승객도,

아무도 만취 아저씨를 쳐다보지도, 대꾸하지도 않는다.

이 버스에 없는 사람. 냄새만 남은 사람이다.

다시 기사에게 가 두 정거장 뒤에 세워달라고 말한다.

그 자리에 그대로 앉아버린다.

술이 몸을 조종하는 만취 아저씨.

기사는 버스 문을 열어줬지만, 만취 아저씨는 알까?

두 정거장이 아니었다는 것을.

취한 사람.

버스에서 주운 이야기5

　　금요일 밤 술에 잔뜩 취한 중년의 아주머니 두 분이 극진하게 서로를 챙긴다. 그들의 술 냄새가 버스 안을 가득 채운다. 아주머니 한 분이 먼저 내리시려나 보다. 나머지 한 분에게 잠들지 말라 신신당부다.

졸지 마라 졸지 마라
나는 이번에 내리는데
너는 다음에 내려야 한다
여기 문 앞에 앉아라

극진하게 챙기신다.
한 분이 먼저 내리고
나머지 한 분은 결국 고개를 떨구셨다.

졸지 마라 친구야

너는 다음에 내려야 한다
정신 차려라 친구야
나는 이번에 내린단다

　여차저차 번거로운 일이 생겨 경찰청 홈페이지에서 실시간 CCTV를 봤다.(누구나 볼 수 있다) 조금 부풀려 네 시간 정도 같은 자리에서, 오며 가며 지켜봤다. 번거로웠던 일은 어느 정도 마무리되고 이곳저곳을 눌러봤다. 처음에는 살았던 동네, 자주 다니던 동네, 좋아했던 동네를 훑고. 다음에는 모르는 동네(흥미가 떨어진다)를 보다가 몇 장면은 순전히 재미로 적기도 했다.

　이를테면 이런 거. 새벽 1시 동교동 삼거리 지나 왕복 8차선을 무단횡단하는 사람, 신문을 들고 뛰다가 와르르 떨어트린 신문 배달부, 무려 여섯 사람이 모여 한참을 떠들다가 차를 타고 떠나는 과정. 그러다가 손가락이 한동안 멈춘 곳은 동호대교였다. 구리 방면으로 달리는 차들의 불빛이 반짝 빛나는 게 어찌나 이쁜지. 도로 위 차들이 줄지어 달릴 때 드는 생각은 - 어디로 가는 걸까 집으로 가는 걸까 목적지가 있으니까 달리겠지 - 달리는 차만큼 줄지어 선다. 거 참 되게 이쁘네. 가로등 빛이 한강물에 비치는 것도, 달리는 차의 쌍라이트도, 저 멀리 보이는 도시 불빛도. 멀리서 보면 아름다운 딱 그 정도. 연말이라 그런가. 마음이 호수처럼, 경계선 명확한 호수만큼 넓어진다.

옥상에서 주운 이야기

옥상에 백로가 죽어있다. 도시 한복판인 이곳에 왜 백로가 죽어있을까. 옥상에서도 계단을 가려주는 지붕 위에 쓰러져 있어 신경 쓰지 않으면 아무도 모를 거다. 흰 비닐인 줄 알았던 나도 가까이 가서야 백로인 걸 알았다.

집에서 촛대와 소주잔의 쓰임은 모두 발아를 위함이다. 수업 때문에 받은 수태지만, 상태가 꽤 좋아보여 촉촉하게 물에 담가 푹푹 꽂아 놨다. 옥상에는 백로가 죽어있는데 옥상 아랫집에 사는 나는 발아를 꿈꾼다. 가끔 모든 게 이해되지 않는 순간이 있고, 갈등은 여기서 출발하는 듯하다. 망가진 안경을 몇 주째 쓰는 나도 갈등의 주인공이다. 백로. 어쩌지.

응급실에서 주운 이야기

일요일의 응급실은 묘한 풍경으로 다가왔다. 동료가 검사를 받으러 간 사이 천천히 둘러봤다. 외국인으로 추정되는 남자는 스키장에서 스키를 타다 넘어져 팔이 부러졌단다. 당장 내일모레 출국인데 이곳에서 수술할지 돌아가서 수술할지에 대해 심각하게 고민했고, 돌아가 수술하겠다는 결정을 내렸다. 의사는 임시방편으로 시술을 하고 있었고, 그 사이 앞치마를 두른 아주머니 한 분이 오른손가락을 휴지로 둘둘 말아 급히 뛰어 들어오셨다. 주방에서 강판을 갈다 손가락을 다쳤다고 한다. 바닥에 피를 뚝뚝 흘리며 느긋한 의사를 기다리는 사이 어린아이는 울상이 되어 아버지와 들어왔다. 그 아이도 팔이 부러져있었고 심각한 아이에 비해 아버지는 냉랭했다. 이 모든 상황이 벌어지는 동시에 또 다른 아주머니는 접수대 간호사와 언성을 높이며 싸우고 있었다. 아주머니의 말 중 가장 기억에 남는 것은 이 한마디였다.

"어디서 니가 날 정신병자 취급이야?"

등산 가방을 멘 아주머니 한 분이 오른손에 비닐장갑을 끼고 담배를 들었다. 왼손에는 작은 종이컵이 들려있다. 벽을 바라보고서 오른손 담배를 입에 물고 깊게 들이마신다. 서너 번 반복하고, 왼손에 들린 종이컵에 꽁초와 오른손 비닐장갑을 구겨 넣는다. 도로로 나와 빠른 걸음으로, 어딘가를 향해 걸어간다.

열차에서 주운 이야기

　타고 있는 열차는 퇴계원역에서 일어난 낙뢰 사그로 인해 사릉역의 중간쯤에 멈춰있다. 대부분의 사람은 누군가에게 전화를 걸어 낙뢰 사고에 대해 이야기한다. 금방 출발할 것이라고 생각했던 나는 컹하니 앉아있다가 출발이 지연된다는 네 번째 방송이 나올 때 가방에서 조르주 페렉의 『사물들』*을 꺼냈다. 다섯 줄을 읽다가 생각만큼 읽히지 않아 가방 위에 올려놓고, 애인과 노닥거리는 옆사람을 흘깃 봤다. 퇴계원역이 아니라 내가 낙뢰를 맞은 것 같다. M이 보고싶다. 얼른 가서 안아줘야지. 내가 맞은 낙뢰를 나눠줘야지.

*『사물들』, 조르주 페렉, 김명숙 옮김, 펭귄클래식코리아, 2011

공항에서 주운 이야기

국밥 후루룩 먹고 급하게 달려왔는데 타야 하는 제주행 비행기는 1시간 후에 출발한다. 지난주 주말, 아빠와 엄마의 살림살이를 박스에 차곡차곡 담았다. 이사할 때마다 느끼지만, 사람 한 명이 보편적인 삶을 유지하기 위해 갖고 있어야 하는 '무언가'가 이렇게 많아야 하는가 싶다. 짐을 챙기는 동안 버릴지 가져갈지 정하는 게 가장 큰 일이었다. 그 집에서 나는 여전히 어린아이 시절에 머무는 듯하다. 기록된 것들은 대부분 우리가 모두 어리고, 젊을 때다.

오늘 제주에 가는 건 마지막일지도 모르는 할머니를 봬야 하기 때문이다. 나의 마음보다 아빠의 마음이 궁금하다. 서른둘의 아빠 사진을 보고, 육십을 바라보는 아빠가 엄마를 보내야 하는 마음은 무엇일지 궁금해졌다. 공항은 언제나 분주하고, 밝은 곳.

질 좋은 인생

　낮이건 밤이건 터널에 들어서고 나갈 때 실내등을 정확히 껐다 켜는 버스 기사를 만나면 반갑다. 그 순간 책을 읽거나 읽지 않아도 정확한 순간에 꺼지고, 켜지는 걸 보는 것이 짜릿하기 때문이다. 인생의 질이 타이밍으로 좌우되는 것이라면 오늘 탄 버스 같은 타이밍을 갖고 싶다.

봄에 주운 이야기(절망편)

봄이 오나 봐. 진짜 왔네. 식물들 싹 다 물 줘야겠다는 말에 아침 빵 부스러기 치우고, 물조리개 들고 기웃거리는데 게리 멀리건을 듣던 동거인이 나를 보니 음악이 〈전원일기〉처럼 들린다고. 거울 앞으로 가보니 일용엄니*가 집에 있네. 한바탕 웃고 노래진 아스파라거스 줄기를 잘랐다. 집 앞 화원에서 산 작은 토분에는 뭘 심든 다 죽는다. 뭘 고민해. 안 심으면 되지.

*1980년부터 2002년까지 MBC에서 방영된 TV드라마 〈전원일기〉 속 등장인물

일주일에 두 번 식물 수업을 듣는데 오늘은 수태에 풍란 심기를 했다. 학생의 평균 연령대가 높은 편이라 선생님의 질문보다 어떤 대답이 나올지 궁금할 때가 많다. 오늘은 선인장 모양을 두고 무엇이 떠오르냐는 질문에 누군가 열무잎이라고 대답했다. 다 같이 웃어버렸다. 정답은 생선뼈 선인장.

야들야들 오밀조밀 어찌저찌 흐물흐물

고사리과 식물을 잘 키워 본 경험이 없는 나는 고사리과는 사지 말아야지 다짐하건서도 봄만 되면 잎이 야들야들 오밀조밀 모여있는 고사리과만 보면 어쩔 줄 몰라 하다가 집으로 데리고 온다. 두어달은 어찌저찌 버티다가 흐물흐물 다 죽는다. 결국 내가 죽이는 셈인데 그럼에도 고사리과를 산다. 거미발만 있으면 잘 산다는 말을 믿고 산 후마타 고사리도 결국엔 죽었다. 거미발은 살아있는데 잎은 모두 바스스 타버렸다.

여름을 점치는 법

　그제 집으로 돌아오는 길에, 식당에서 막 나온 아주머니가 하늘을 보더니 "하늘 꼬라지가 내일도 덥겠네" 하는 말을 들었어. 하늘이 노랗고, 빨갛고 그랬거든. 앞으로 그런 하늘을 보면 '다음 날 더울 꼬라지네' 하는 생각이 들 것 같아. 어제 진짜 더웠거든.

　『베갯머리 서책』*을 폈는데 그 아주머니가 떠오르는 거야. 이쁘다고 생각한 게 맥 빠지는 일일 수도 있다는 걸 알려주는 책이거든. 이 책을 추천한 사람은 조르주 페렉인데 몇 권에 걸쳐 본인이 좋아하는 작가라는 걸 이야기해. 그래서 오랜만에 조르주 페렉의 책도 뒤적거렸어. 아주머니 덕분에 날씨 점치는 법도 배우고, 책도 읽었네. 그럼 이제 할 일을 해볼까?

*『베갯머리 서책』, 세이쇼나곤, 정순분 옮김, 지만지, 2015

가을이니까

아무것도 틀지 않은 밤. 멀리 열차 지나가는 소리가 들린다. 반만 열어놓은 창문으로 들어오는 바람 냄새에 불쾌감이 없는 날도 얼마 남지 않았다. 피곤해도 책상 앞에 앉아 책장을 열었다 덮었다 한다.

1. 작업실 아래층에 드럼 학원이 있다. 주말이나 평일 저녁 늦게 와서 치는 사람은(동일인 같음) 모던록 부류의 곡을 치면서 동시에 노래를 부르는데 너무 서글프다. 구간반복 중독자 같은데 계속 서글프다가 간다. 더우니까 더 슬퍼.

2. 집의 큰방 창을 열면 보이는 빌딩 공사가 거의 끝나간다. 건물 뒤편의 바닥 타일 시공은 2인 1조로 착착 진행 중이다. 낮의 더위는 욕이 튀어나올 정도니까 저녁 7시부터 밤늦도록 조명 하나에 의지해 작업을 이어간다. 작업자1이 삽으로 접착제를 퍼서 바닥에 퍽- 내려놓으면 작업자2가 쌓아놓은 타일을 하나씩 붙인다. 완공 후에도 창문을 열면 타일 시공팀이 생각날 것 같다.

3. 새잎이라고는 코빼기도 안 보이던 황칠이가 새잎을 세 개나 만들었다. 막실라리아 꽃 이후로 처음 소리를 질렀다. 지

난주 퍼부은 장대비와 습도 때문에 이곳 서울을 자생지인 제
주로 착각했나 보다. 세 개가 웬 말이야. 하나만 튀어나와도 기
절할 판에!

겨울에는

　무엇을 읽을까 고민하다가 아무것도 읽지 않고 지나가는 날이 쌓이면 집 잃은 똥강아지처럼 다리를 달달달 떨게 되는데요 며칠이 그랬다. 어딘가에 '담대함 좀 나눠 주세요 좀!' 하고 빌었던 게 16년인가 그랬는데 아직도 나눠 받지 못한 걸 보면 상대도 줄 마음이 없는 건가 싶다가 괘씸했다가 그런다. 겨울에는 건물 옥상에서 나오는 수증기를 봐야 한파인 걸 안다. 춥다는 핑계로 며칠 작업실은 등지고, 집에서 일하는 와중에 눈이 많이 내렸길래 옥상에 올라갔다. 작년 봄에는 백로가 죽어 있었는데 흔적도 없이 사라졌다.

오래전의 나는 글을 쓸 때 조사를 생략하는 경우가 왕왕 있었는데 그 문체가 멋이 있다고 느껴서 그랬던 것 같다. 다시 읽어보면 한글 문법에 대해 아는 것이 없는 사람이 쓴 이 빠진 글 같아서 조금 우습다.

오해와 이해

압수수색의 풍경을 지켜보고 있다. 몇 시간째, 1톤 트럭 세 대에 각종 컴퓨터와 복사된 자료가 분류된 박스를 가지런히 나눠 담고 있다. 어찌나 잘 담았는지 차곡차곡 단정해 보일 지경이다. 총 두 대의 차가 출발했고, 마지막 한 대가 대기 중이다.

그런데 자세히, 오랫동안 지켜보니 압수수색이 풍기는 다급하고, 급박하고, 위협적인 분위기가 아니다. 모두 미소를 머금고 있다. 차에 실리는 기계들을 보니 오래되고, 낡았다. 압수수색이 아니라 새 것으로 교체하기 위한 작업일 수 있겠다.

　바쁘고, 분주하게 살아야 한다는 압박과 책 읽고, 필사하고, 글 쓰며 단조롭게 살고 싶은 욕망의 사이에서 줄타기하는 심정으로 산다. 삶의 형태를 고민하는 가장 큰 이유는 물질이다. 압박은 돈을 벌어야 하고, 돈이 필요하기 때문에 생기는 것이고 욕망은 돈을 포기하고 싶은 극단적인 마음에서 생긴다. 언제나 두 가지 감정을 갖고 산다.

질투사냥꾼의 먹잇감은 어디에나 있다

그 예전에 내가 고딩일 때 인터넷 방송부였는데 원예부에 있는 애들은 되게 지루한 애들이라고 생각했거든. 근데 그 애들이, 이제 와서 부러운거야. 그 예전에, 그 혜안이 있었다고 생각하니까 질투가 나더라고. 그 기쁨을, 그 예전에, 그 나이에 알았다고 생각하니까 질투가 나더라고. 원예부 애들은 식물을 키울 동안 나는 인터넷 방송 만든다고 PC 앞에만 앉아있었거든. 아무 것도 안 하고. 나는 매일 무엇에 질투를 할까 찾으면서 사는 사람같아. 오늘은 고딩 때 원예부 애들이야.

　　지난주에 마감한 원고가 신문사 웹사이트에 올라온 것을 확인하면서 편의점 도시락을 사러 내려간다. 한 손은 바지 주머니 속에 찔러 넣고 조용한 동네를 가로지른다. 내가 신은 슬리퍼의 소리만 들린다. 올해도 이렇게 지나가는구나. 먼지가 잔뜩 낀 하늘. 암울했던 일 년.

독서의 무용함

약물 충돌 방지를 위해 현재 복용중인 약이 있냐는 간호사 선생님의 질문에 한약을 먹는다고 했다. 선생님은 복용 이유에 대해 물으셨는데 마땅한 대답이 생각나지 않아 "그냥…"이라 말했고, 현명한 선생님은 '건강증진용'이라는 멋진 말을 적으셨다. 책을 백날 읽으면 뭐해.

제목을 지을 수 없음

아빠는 섬세한 감정 표현에 서툰 사람이다. 목소리가 크고 굵어서 종종 화가 난 것 같은 착각이 들게 하지만 삼십 년 넘게 겪어본 바에 의하면 화를 잘 내거나 악의가 있는 성격은 아니다. 내 추측에 신빙성을 더해주는 건 아빠의 모든 형제가 비슷하다는 데 있다. 엄마의 말을 빌려 얘기하자면 섬사람이라서 행동도, 표현도 세다는 거다. 아빠는 스무 살에 서울로 올라와 지금까지 서울에서 생활하며 서울 사람인 엄마와 결혼해 많이 부드러워졌지만, 아빠를 제외한 나머지 형제는 모두 제주에 사셨기 때문에 억양과 표정, 목소리의 크기가 그대로다.

할아버지가 된 아빠는 요즘 다시 제주의 형제들 같다. 호르몬의 변화나 나이 앞자리 수의 변화가 아빠를 종종 슬프게 하는 것인지 모르겠다. 내가 해줄 수 있는 건 자주 만나고, 마주 앉아 함께 밥을 먹는 정도다. 아빠의 기분에 전염된 엄마의 넋두리를 방패 없이 듣는 건 덤이다. 이번 주 주말도 나의 몫을 다하고 방전이 되어 일요일이 지나기 전 도망치듯 서울로 간다.

도망치는 마음을 아는지 모르는지 역까지 태워주는 아빠는 가방 어딘가를 뒤적이더니 가면서 마시라고 음료수를 건네준다. 아빠를 미워했던 순간도 있었지만 아빠라고 내가 미웠던 순간이 없었을까. 돌아가는 길이 가장 복잡하다. 내 자리로 돌아가면 새까맣게 잊어버릴 울렁거림이다.

자주 가는 우동집에서 기본 우동만 먹다가 튀김 우동을 시킬 때의 그 호사스러운 기분이란.

옆집 할머니의 근황

할머니의 기상시간은 오전 6시 언저리. 일어나셨는지 알 수 있는 이유는 누군가와 웃으며 통화를 하기 때문이다. 자는 방을 옮긴 뒤로는 할머니의 전화 소리에 깨지 않는다. 할머니가 이른 시간부터 바쁘신 다른 이유는 오전 10시가 되기 전 누군가 집으로 찾아오기 때문이다. 하루는 "언니~" 하며. 하루는 "아이고~"* 하며.

집으로 친구를 초대하지 않는 나는 가끔 옆집에서 들리는 (현관문을 열고 반갑게 인사를 하며 들어가는) 소리에 부러움을 느낀다. 문턱이 높지 않은 사이의 친구가 가까이 있는, 그런 게 부러운 거지. 그러다가도 매일 아침 친구가 문을 열고 들어온다고 상상하면 그런대로 끔찍해서 부러웠던 마음은 다 헛것이 된다.

*70년대에 지어진 이 아파트에는 엘리베이터가 없다.

담금주와 미래

무력감에 빠지면 책상 구석에 있는 라이터를 켜본다. 엄지손가락에 힘을 주고 흰 버튼을 누르면 작은 불꽃이 위로 쏙 올라오는 게 꼭 마술 같다. 버튼을 누를 때 들리는 소리도 무력감을 환기하는 것 같고. 오늘 동네 산책을 하다가 거대한 담금주 두 병을 보고 사진을 찍는 나를 보던 동료가 "너 나이 들면 거실 벽에 저런 병 가득 만들어 놓을 것 같아"라고 했다. 그 말이 무척 마음에 들어서, "그렇게 말해줘서 고마워"라고 답했다.

애매한 빈곤

통장 잔액이 3,360원 있을 때보다 62,486원이 있는 지금 더 빈곤함을 느낀다. 애매하게 있느니 아예 없는 것이 정신건강에 좋은 듯하다. 그런 기분이 든다.

팬케이크도 계란말이와 비슷해서 잘 되는 날에는 잘 되는데 안 되는 날에는 이럴 수 있나 싶을 정도로 안 된다. 오늘은 잔뜩 화가 난 팬케이크를 먹었다. 아침, 점심에는 아주 맛있는 커피를 마시고, 밤에는 둥굴레 한 잔을 마셨다. 먹고, 마시려고 일도 하고, 공부도 하는데 사이사이 티 안 나게 노는 시간도 많아서 더딘 기분이다. 더디고 된소리 나는 기분 알란가 몰라.

주인과 개와 충성심에 관하여

영화나 드라마에서 윗사람이 아랫사람의 위치를 상기시킬 때 주인, 개, 충성심이라는 세 단어를 활용해 대사를 뱉는 장면이 나온다. 사람마다 뚜껑이 뻥하고 열리는 순간은 다르겠지만, 나의 뚜껑은 그런 장면에서 열린다. 과거 나의 사수였던 사람은 많은 동료가 있는 자리에서 칭찬한답시고 나를 진돗개같다고 했다. 충성심이 대단하다는 걸 비유로 표현했는데 부지불식간에 진돗개가 된 나는 불쾌했다. 그 이후로는 세 단어가 등장하는 장면이 나오면 미간이 구겨지면서 작가를 탓한다. 그때나 지금이나 그 누구에게도 충성하지 않는다.

제 무릎은 안돼요

이곳은 제주행 비행기 탑승을 기다리는 17번 게이트 앞. 한 여성이 다른 여성과 언쟁을 한다. 같은 사무실에서 일하는 선후배 사인 듯하다. 다른 동료 때문에 화가 난 후배를 선배가 어떻게든 타이른다. 다 함께 제주로 여행을 떠나는 길인데 하필 둘 사이가 틀어진 거다. 선배는 어르다가, 혼냈다가 다시 어르기를 반복한다. 우리 사무실에 없어서는 안되는 존재인데 갑자기 빠진다고 하면 본인은 어떡하냐는 하소연까지. 큰소리치는 것도, 우연히 내가 앉은 의자 앞에 서서 이야기하는 것도 다 괜찮은데 선배가 격양될 대마다 후배가 뒷걸음질을 치고 있어 곧 내 무릎에 앉을 것 같다.

이제 그만 결론을 내 주세요. 제 무릎은 안돼요.

"복권에 당첨될 것 같아"

꿈 속에서 외쳤다. 기분이 왠지 그렇게 흘러서 즉석 복권을 샀다. 로또 번호를 체크해야 하는 사람을 위한 책상 앞에 앉았다. 이 자리만큼 누군가의 간절함이 베어있는 곳이 있을까. 지갑에서 5백 원을 꺼내 긁었다. 나의 숫자와 행운의 숫자가 일치하면 당첨.

5천 원 당첨되었다. 복권 집에서 나와 떡볶이를 사 먹었다. 오늘 꿈에는 "복권에 당첨되었어"라고 말하면 좋겠다.

누군가를 열렬히 미워해 본 적 있는 사람은 미움의 화살촉이 나를 향해 있다는 걸 안다. 촉을 부러트릴 수 있는 사람도 나 하나뿐이어서 결국에는 상대가 미운 것인지, 미워하는 내 마음이 미운 것인지 헷갈리는 순간이 온다. 그때 마음을 접어야 하는데 사람은 원래 구제할 수 없는 존재라서 영원한 굴레에 빠져버린다.

초판 한정에 대한 집착을 버리면 좋겠다만 그러면서도 살면서 이 정도 집착했던 게 있었나, 그게 책이라면 괜찮은거 아니냐는 웃긴, 우스운 생각이 든다. 나도 누구처럼 쿡 웃어본다. 그러다가 아주 오래전 포인트를 긁어 모아 사고 싶은 책을 겨우 샀던 때가 떠올랐다. 지금이라고 사정이 극적으로 좋아졌냐 하면 그것은 고민해 봐야겠지만, 좀 너그러워진 건 맞다. 그러면서도 글을 쓸 때 오래된 것 같다는 평보다 이야 재밌네 재밌어! 이런 말을 듣는 날도 올 것이라고. 생각해 본다.

섬

외부에서 본 우리의 내부는 작은 섬 같았다. 독자적이지만, 외부의 접촉이 없다면 언제나 독자적일 수밖에 없는 구조의 섬. 하지만 섬이라고 언제나 고독하진 않다. 섬을 둘러싸고 있는 광활한 어떤 것들은 태풍을 만들기도 하고, 해일을 가져오기도 한다. 동시에 적막도 준다. 우리는 이런 섬 같은 팀이고, 섬 같은 생활을 했다. 그래서 우리는 섬 같다.

매일 아침 같은 자리, 다른 책, 번갈아 가며 내린 커피, 같은 노트, 다른 펜을 들고 생각하는 삶을 살고 있다고 믿기위해 수혈받는다. 그래 역시 제일 사랑할 수 있는 것은 새로운 책, 새로운 물건, 새로운 사람. 새것도 헌것이 될 거라는 생각은 못 하고 헌것에 대한 생각이 새것에 눈을 흘기게 만들지. 나는 매일 수천 번 사랑에 빠지고 수만 번 이별하며 수억 번 죽었다 살아나길 반복한다.

고개만 돌리면 보이는 쪽에 몬스테라 화분 두 개가 나란히 있다. 나도, 몬스테라들도 창문을 향해 앉아있다. 해가 뜨는 쪽으로, 해가 비치는 쪽으로, 해가 나는 쪽으로 앉아 같은 풍경을 공유한다. 끊임없이 해를 향해 앉아있다.

2부
생활 글

"잠들지 않습니다."

커피를 내리며 한 생각들

　원두를 갈아 기구를 이용해 내려 마신 지 7년 정도 되었다. 나의 첫 번째 가족에게서 독립했다는 얘기다. 완전히 독립한 건 5년 차다. 2년 정도 주거의 형태와 방식에 과도기가 있었고 정착한 건 5년. 도합 7년이다. 과도기를 함께 했던 동거인이 커피를 즐기는 사람이었고, 매일 아침 눈을 뜨자마자 눈곱 낀 눈으로 그라인더에 원두를 털어 넣고, 각종 도구를 착착 꺼내 뜨거운 물을 주전자에 담아 원을 그리며 붓는 모습에 반해 그때부터 아침이 되면 같은 행동을 한다. 몇 년 해보니 커피를 마시기 위한 행동이라기보다 잠을 깨기 위함일 수도 있다는 걸 알았다. 커피를 마시면 카페인의 각성효과 덕분에 잠에서 깬다고 생각하지만, 커피를 내리기 위해 도구를 준비하면서 서서히 잠에서 깨는 거다. 커피물을 데우는 것처럼 잠을 깨기 위해 서서히 몸을 데우는 것. 뜨거운 물이 필터를 통해 조르르 커피로 내려지는 모습을 멍하니 보는 게 첫 번째 일과다. 기구에 따라서 행동도 달라진다.

빈번하게 사용하는 순서대로 나열하면 이렇다.

    1. 핸드 그라인더
    2. 케멕스
    3. 드리퍼와 서버
    4. 커피메이커
    5. 커피핀과 서버
    6. 프렌치프레스

전동 그라인더가 망가진 뒤로 핸드 그라인더만 사용한다. 잠에서 확실히 깰 수 있는 첫 단계. 원두를 손으로 갈아야 하니까 정신이 든다. 이때 원두가 라이트 로스팅이라면 약간의 짜증이 올라온다. 너무 안 갈리니까. 케멕스는 드리퍼와 서버를 하나로 합친 디자인이라서 편리하다. 작은 천장 등의 실루엣처럼 생긴 종이 필터를 세 번 접어 깔때기로 만들면 끝. 누가 내려도 맛이 좋고, 나무로 된 손잡이가 플라스틱 서버의 손잡이보다 따뜻한 느낌이다. (커피가 뜨거워서 따뜻하게 느끼는 것일 수도 있다) 드리퍼와 서버 세트는 최근에 깨졌다. 며칠 전 그릇장을 옮기다가 안에 있는 그릇들이 앞으로 쏟아져 와장창 깨진 적이 있는데 그날 드리퍼도 그릇장에 있었다. 서버는 앞서 설거지통에서 깨졌다. 오전에 케멕스로 내린 커피를 마시면 오후에는 커피메이커로 내린다. 오후에 마시는 커피는 대부분 일하는 틈에 잠을 쫓기 위함이다. 후다닥 내려야 한다. 요즘에 사용하는 건 멜리타의 아로마보이와 브라운의 아로마스터. 아로마스터의 사용량이 좀 더 높다. 대용량이고, 흰색이고, 최근에 샀다. 나의 모든 사용 빈도는 구매 시기와 비례한다. 최근에 산 걸 더 많이 사용한다. 도구를 다시 정리하자면 이렇다.

1. 핸드 그라인더 (매일 사용)
2. 케멕스 (매일 사용)
3. 커피메이커 (아로마스터 > 아로마보이)
4. 커피핀과 서버 (가끔 사용)
5. 프렌치프레스 (창고에 있음)
6. 드리퍼와 서버 (없음)

커피핀은 베트남 여행 때 샀다. 작은 크기의 스테인리스 컵과 받침, 뚜껑이 세트다. 바닥 면에는 구멍이 뚫려있다. 그 구멍을 통해 추출된다. 혼자 마실 때 좋다고 하는데 커피핀에는 부속품이 많다. 그 말은 설거지해야 할 게 늘어난다는 뜻이고, 사용 빈도가 낮다. 동거인은 혼자 마셔야 할 때 케멕스 위에 커피핀을 올리고, 작은 종이 필터에 원두를 부어 추출한다.

두 개를 합치면 어딘가 모르게 길고 얇다. 팔꿈치로 살짝 건드리면 커피핀이 툭- 떨어질 것 같은 그런 기분이다. 프렌치프레스는 어떨까. 유일하게 종이 필터가 필요 없는 도구다. 원두를 바로 통에 넣고, 뜨거운 물을 천천히 여러 번 나눠 붓고 나무 막대로 휘휘 저어준다. (방법은 다 제각각이다) 조금 기다렸다가 프레스 겸 뚜껑을 바닥까지 쭉 누르면 끝. 텁텁한 커피가 완성된다. 다 마시고 나면 통에 남은 원두 찌꺼기를 버리는 게 가장 귀찮다. 창고에 있는 이유가 있다.

오늘 아침에도 일어나자마자 원두 봉투를 들고 그라인더 뚜껑을 열어 세 스푼을 담아 갈았다. 가만히 서서 가는 건 지루해 선반 위에 있는 식물들을 둘러봤다. 밤사이 누가 자라고 누가 죽었나. 멕시코 소철의 새잎은 눈에 띄게 길어졌고 아무렇게나 삽목한 가을 국화는 비실비실하다. 조만간 정리하거나 물꽂이로 방향을 바꿔야겠다. 원두를 다 갈면 물을 끓인다. 끓는 동안 생각을 한다. 타쁘게 사는 것도, 느리게 사는 것도 괜찮다고. 바쁘게 살면 바쁜 만큼 틈 안으로 새어들 생각이 없고, 느리게 살면 뭘 버려야 할지 감이 온다. 뒤도 돌아보고, 친구 생각도 하고, 밥도 직접 만들어 먹는다. 그중에 제일은 이렇게 커피를 내릴 시간이 있다는 것. 다 내린 커피를 잔에 옮기고 책상 앞에 앉아 창밖을 보거나 읽다 만 책을 펼칠 수 있다는 것. 시간이 나를 기다려준다. 맛있는 커피라는 게 그런거 아닐까. 커피와 내가 같은 시간을 나누고, 이 시간이 아깝지 않다고 느끼는 것. 이 평화로움을 지키려고 분투하며 산다.

1. "시간 있을 때 운전면허부터 따."

수능이 끝나고 정답을 확인하기도 전에 들은 말이다. 시간이 없었다. 면허를 딸 시간이 없었다. 누워있을 시간은 있었는데 면허를 딸 시간은 없었다. 그때부터 징하디 징한 면허 지옥이 시작됐다. 매년 타종 행사가 끝나면 새 노트 첫 장에 '올해의 다짐'을 적는다. 그 목록에 붙박이처럼 있는 항목은 '운전면허 따기' 초반에는 1번이나 2번에 썼다면 언젠가부터 저기 저 아래 6번 정도에 있다. 다짐을 다지기에 가장 좋은 1월, 2월, 3월이 지나가면 지우개로 살살살 지워버리는 것처럼 몇 가지는 흐릿해진다. 그렇게 지워지기 딱 좋은 6번 정도. 운전면허는 언제나 그런 항목이었다.

2. "그래서 운전면허는 언제 딸 거야?"

부모님과 함께하던 생활에서 분리되고, 다른 지역에 살다 보니 매일 저녁 식사 후에 하는 통화는 암묵적인 약속이 되었다. 내용의 주제는 비슷비슷하다. 일과, 저녁 메뉴, 동네 새소식 그리고 끝을 때쯤 면허 이야기. 엄마는 무사고 장롱 면허 소지자다. 엄마가 이십 대 초반일 때 면허를 땄고, 내가 유치원생일 때 동네 아주머니의 도움을 받아 장롱에서 면허를 꺼냈다가 난폭운전 택시 기사 덕분에 다시 장롱으로 들어갔다. 연수를 위해 차를 끌고 간 곳이 집에서는 가깝지만, 초보에게는 험난한 북악스카이웨이였으니 겁쟁이 엄마는 운전 안 하겠다는 뜻이지 뭐. 그런 엄마는 무사고 면허 소지자 아빠라는 파트너가 있고 불편함 없이 지낸다. 그래도 가끔 혼자, 훌쩍 운전대를 잡고 어딘가 가고 싶은 생각이 드나 보다. 본인은 잡을 자신이 없으니까 나라도 면허를 제발 좀 땄으면 하는 거다.

"그래서 운전면허는 언제 딸 거야?"
"다음 달에 딸게."

3. "면허는 있는 게 좋아."
첫 직장. 수습이었고, 직속 선배는 지나가는 말로 면허를 언급했다. 정말 지나가는 길에.

"면허 있니?"
"아뇨."

"면허는 있는 게 좋아."

선배의 차는 짙은 녹색, 90년대 빈티지 중형차였다. 앞이 길고, 뒤도 긴, 그냥 전체적으로 긴 차였다. 선배가 운전하고 조수석에 탔던 날. 애매한 상대와 밀폐된 곳에서 가장 어색한 순간은 정지상태일 때다. 가령 신호 대기 중 같은 상황. 왼팔은 창문이 열려있는 문 위에 걸치고, 오른손은 핸들에 살짝 얹은 선배가 여유롭게 말했다.

"운전하면 좋아. 날씨 좋을 때 좋아하는 음악 틀어놓고 달리면 기분이 좋거든."
"네, 그럴 것 같아요."
"너도 얼른 면허 따."
"넵."

몇 달 뒤, 퇴사했고, 면허는 없었다.

4. "나도 조수석에서 사진 좀 찍고 싶다."

나의 유일한 동료 A는 베스트 드라이버다. 운전도 잘하고, 주차도 잘하고, 길눈도 밝다. 무엇보다 안전운전의 대가다. 앞차와 안전거리 유지하기, 무리하게 끼어들지 않기, 보행자가 없어도 신호는 칼같이 지키기, 안내선에 딱 맞게 주차하기, 아무리 바빠도 과속은 금물, 경적은 꼭 필요한 때만 사용하기. 운전을 안정적으로 하는 사람 옆에 앉는 건 아무래도 고마운 일이다. 마음은 편안해지고, 오른쪽, 왼쪽을 돌아보며 지는 해가 물들이는 붉은 하늘을 보거나, 좋아하는 라디오 채널을 크게 틀거나, 막히는 도로 위에서도 쉽게 짜증이 올라오지 않는다. 그러니까 그동안 나만 편했던 거다. 함께 한 지 몇 년째 되던 해의 어느 날. 그날도 눈치 없이 "오늘 하늘 너무 이쁘다.(찰칵찰칵)"며 촐랑거리는 셔터음을 남발했다. 조용히 듣던 동료가 던진 한마디에 며칠 뒤 면허시험 절차를 찾아봤다. 그리고 2년 뒤 학원을 등록했다. 그렇다. 2년 뒤.

5. "30번 탈선, 탈선, 점수 미달 불합격입니다."
　 "27번 주차 탈선, 탈선, 점수 미달 불합격입니다."
　 "26번 합격입니다."

한동안 매일 아침 9시 집에서 나와 학원으로 갔다. 주변에서 빨리 따기에 좋은 학원을 알려줬는데 아침에는 나만의 시간을 사용할 수 있다는 장점을 살려 시뮬레이션 학원을 등록했다. 처음에는 생생한 자동차 게임장에 가는 기분이었다. 차의 진동은 느낄 수 없지만, 진동을 뺀 나머지는 다 진짜였다. 기능 시험장의 코스를 외우고, 주차까지 익혔더니 이제 그만 시험 봐도 되지 않겠냐는 선생님의 말에 자신감이 붙어 곧장 시험장으로 갔다. 예감이 좋았다. 한 번에 합격하면 어쩌나 쓸모없는 걱정까지 했지만, 정말 쓸모없을 줄이야. 우회전할 때 말썽이던 탈선과 주차 탈선으로 점수 미달 불합격. 한 번에 붙으면 재미없다는 마음으로 본 두 번째 시험에서 주차 탈선 두 번, 시간 초과 점수 미달 불합격. 이쯤 되니 현실로 다가왔다. 운전면허 딸 수 있을까? 무슨 억울함이었는지 눈물이 고였다. 이게 뭐라고 나를 이렇게 초라하게 만들지? 학원 가는 길이 지루해질 때쯤 본 세 번째 시험. 우회전 탈선도 무사히 통과, 주차장 진입, 주차 수정, 제한 시간까지 가까스로 통과, 나머지도 다 통과. 세상에 100점 만점 합격이었다.

6. "그래서 도로주행은 언제라고?"

나는 아직 면허가 없다. 기능 시험의 합격을 지나치게 만끽했고, 첫 도로주행 시험에서 받은 처참한 점수와 감독관의 짜증을 온 몸으로 방어하며 지쳐버렸다. 운전면허증을 받는 게 길고 긴 여정이 되리라고 알았다면 부지런했을까? 아닐 거다. 낙지가 된 것 같다. 면허만 생각하면 몸이 꼬인다. 아직 면허가 없는 사람의 투덜거림. 베스트 드라이버 동료 A는 아주 잘 하고 있다는 응원을 하루에도 수십 번 해주고, 엄마의 질문은 조심스러워졌다. 여기저기 들춰봐도 합격했다는 감격스러

운 수기만 가득하고, 나처럼 포기하고 싶은, 포기했다는 수기
는 없다. 그래서 나는 언제 합격한다고?

*그 이후 도로주행의 유효기간이 한 달 남았을 때 가까스로 합격했다.

걸어서 꿈속으로

나는 겨울에 태어났다. 역술가 말을 빌리면 한파가 불어닥친 겨울, 혹한으로 꽝꽝 얼어붙은 바닷물로 태어났고, 점성술사의 말을 빌리면 염소-물병자리 주간(미스터리와 상상의 주간)에 태어났다. 한창 겨울에, 겨울의 절정에 태어난 것이다. 그런 이유인지 여름의 폭염은 견디기 버겁고, 겨울의 한파는 그런대로 잘 견딘다. 다른 방향으로 연결해 보면 어떨까. 여름을 싫어하는 엄마와 모든 계절을 그럭저럭 잘 보내는 아빠 사이에서 태어나 유독 여름이 싫은 엄마의 체질만 물려 받은 걸까. 굳이 연결고리를 찾아 묶을 필요는 없지만, 의미를 찾다 보면 위로가 되는 순간이 있다. 또다시, 아니 비슷한 흐름에서 의미를 찾기 위해 동서남북 뛰어다닐 수 있는 건 딱 하나. 해몽이다.

나는 꿈을 많이 꾼다. 수면 학자의 말을 빌리면 사람이 잠을 자는 동안 보통 다섯 번에서 일곱 번 정도 렘수면REM sleep

단계에 진입하는데 이때 안구는 분주하게 운동하고 뇌는 바쁘게 활동한다. 잠들어있지만, 바쁘게 잔다고 해야 하나. 바쁘게 움직이면서 꿈이 만들어지고 바로 이때 잠에서 깨면 꿈을 꿨다고 기억하는 거다. 그러니까 우리는 매일 꿈을 꾸는데 기억하는 꿈과 기억하지 못하는 꿈이 있을 뿐, 꿈을 꾸지 않는 밤은 없다. 내가 꿈을 많이 꾼다고 느끼는 건 바쁘게 자고 있을 때 깨는 횟수가 많고, 수면의 질이 썩 좋지 않다는 뜻이다. 꿈은 크게 두 가지로 나뉜다. 선명한 것과 흐리멍덩한 것. 선명한 건 등장인물의 얼굴, 행동, 말투, 표정, 입고 있는 옷, 장소가 정확히 기억나고 결정적으로 웃으면서 혹은 울면서 일어난다는 것. 자주 겪는 일은 아니다. 한 달에 두어 번, 두 달에 몇 번 정도.

세부적으로 더 나눠보면 피곤함의 강도에 따라 꿈을 요란하게 꾸느냐, 몸과 정신이 동시에 괴로운 수면 마비sleep paralysis에 시달리느냐다. 즉, 가위눌림. 눈은 말똥말똥한데 무언가 내 몸을 꾸-욱 누르고 있는 불쾌한 상태. 다시 수면 학자의 말을 빌리면 렘수면 중 갑자기 깨어난 정신과 반대로 근육은 마비 상태가 되는 것이다. 과학적인 설명은 충분하지만, 마비 증상이 찾아올 땐 대부분 함께 찾아오는 이가 있다. 이름 모를 영혼, 귀신들, 그들의 웃음소리. 이 현상을 처음 경험한 건 중학교 여름방학 따였다. 그 시절, 방학이 되면 수도권 산 골에 있는 기숙형 학원에 입소했는데(유행이었다) 아침 먹고 공부, 점심 먹고 공부, 저녁 먹고 공부, 밤이 되면 취침하는 그런 형태의 학원이었다. 복작복작한 도시에서 떨어져 공부만을 위한 곳. 외부에서 봤을 땐 그렇지만, 내부에 들어가면 공부만 하는 곳은 아니다. 삼삼오오 모여 친목을 도모하고, CCTV 사각지대를 찾아 연애도 하고, 그 틈에 공부도 하는 그런 곳이다. 낮에는 교실을 옮겨 다니며 수업을 듣다가 밤이 되면 배정된 방에 들어가 취침을 하는데 대부분 열다섯 평 남짓 되는 공간에 2층 침대가 나란히 놓여있고, 정해진 자리에서 잔다. 침대 앞에는 작은 사물함이 있어 그 안에는 목욕 용품, 속옷, 반납하지 않고 숨겨놓은 MP3 플레이어나 군것질거리들이 들어있었다. 수학여행의 기분을 한 달 내내 느낀다고 하면 되려나. 나 역시 많은 방 중 하나에 배정이 되었고, 문 앞에서 세 번째 2층 침대가 나의 자리였다. (그 이후 방학에는 방과 침대가 다른 곳으로 바뀌었지만, 첫 번째 침대는 또렷이 기억난다) 집에서는 침대 생활을 하지 않았던 터라 2층 침대에 대한 맹목적인 환상이 있었고, 1층을 선호하는 친구에게 아량을 베푸는 척 양보했다. 매일 밤 좁은 사다리를 타고 올라가 앉으면 정수리가 천장에 닿는 2층에 누워 잤다. 그리고 가위에 눌렸다.

시간은 대부분의 감각을 무디게 한다. 천장이 내려앉고,

징그럽게 생긴 귀신이 나를 죽일 것 같아 무서웠던 수면 마비도 이제는 귀찮은 마음이 앞선다. 신기한 건 이 상태가 반복될수록 예지력이 함께 발달한다는 것이다. 총체적으로 모든 게 피곤함에 절여진 날에는 자려고 누우면 입안에 침이 고인다. 식욕이 돌 때 나오는 침이 아니라 치과에서 긴장할 때 나오는 침이라고 해야하나. 그런 침이 입안에 고이면 '아, 오늘이구나.' 싶은 생각이 든다. 수면 마비의 예고편인 것처럼. "어서 오세요. 오늘은 머리 긴 귀신이 나올 예정이에요. 당신의 귀 옆에서 머리카락으로 괴롭힐 건데 마음의 준비를 단단히 하시길. 낄낄낄."

돌아가신 외할머니는 예지몽이 대단하셨다. 웬만한 사건 사고는 일어나기 전에 꿈으로 먼저(예고편처럼) 보셨고, 정오가 지나면 그 꿈에 해당되는 이에게 전화를 걸어 "오늘 하루 조심히 보내라."는 말씀을 하셨다. 처음에는 무슨 소리인가 싶었지만, 몇 번 경험해 본 뒤로 대충 그 말의 의미를 짐작했다. 그 내력은 엄마에게 이어졌고, 외할머니가 안 계신 지금 예고편의 역할은 엄마 담당이다. 엄마 본인의 사고를 꿈으로 보는 경우도 있었다. 수술실에 실려 들어가는 꿈을 꿨는데 다음 날 아침, 매일 잘 다니던 출근길에 뜬금없이 복사뼈에 금이 가 몇 주 동안 깁스를 한 적도 있었으니까.

나의 예지몽 능력은 꽝이다. 꿈을 자세하게 기억하는 대신 내용과 반대로 흘러가는 하루가 더 많다. 꿈을 선명하게 꾸는 건 '영이 맑아서'라고 얘기해 주셨던 외할머니의 말이 든든한 뒷배처럼 달랑거린다. 꿈이 생생하면 피곤하지만, 하루를 더 살아낸 기분이다. 나의 하루는 48시간인 것 같은 피곤함과 희열감. 아무래도 역술가의 말보다 점성술사의 말에 마음이 가는 건 어쩔 수 없나 보다. 꽝꽝 얼어붙은 바닷물보단 미스터리와 상상의 주간에 태어났다는 게 덜 심란하기 때문이다. 꿈으로 치면 충분히 미스터리하고, 과도한 상상의 세계를 매일 오가는 거니까. 점성술사에게 한 표를 던진다.

미지의 습관들

알고 있지만, 왜 생겼는지 모를

"아니 나는 그런 적 없다니까!"라는 말로 싸움이 시작되었다. 자각하지 못 한 습관을 누군가 발견하고 얘기해 줬는데 하필이면 그 습관이 티셔츠를 들어 올려 코를 닦는 거라니. 당연히 집이었다. 집에서만 입는 목이 다 늘어진 티셔츠. 황당했다. "아니 나는 그럴 리가 없다니까. 아니 진짜 아니라고." 무의미한 문장만 반복하다가 언성이 높아졌는데 며칠 뒤, 내가 코를 닦는 모습을 보고 말았다. 황당했다. 아니 진짜였어? 내가 본 게 사실이었다고?

아래 습관들은 내가 발견한 것도 있고, 코를 닦은 것처럼 누구가 말해준 것도 있다. 다른 사람을 통해 알게 된 습관은 강력하게 부정한다. 부정했던 습관을 알아차렸을 때 느끼는 황당함과 민망함은 온전히 내 몫이다. "미안, 나 정말 그런 습관 있었네." 사과는 덤인데 그런 의미에서 몇 가지를 정리해봤다. 대부분 무의식일 때, 집중했을 때 하는 행동들이다. 습관은 내가 발견한 것과 누군가 발견해준 것으로 나눴다. 뭐 다들

이런 습관 하나씩은 있지 않나.

이참에 적어보고 고쳐야 할 습관은 최선을 다해 고쳐보자.

(나) 왼쪽 두 번째 손가락 두 번째 관절을 깨물기

아주 오래된 습관이다. 알고 있지만, 언제, 왜 생겼는지 모르겠다. 답을 내야 하는데 답을 모를 때나 초조할 때 조금씩 깨문다. 왼쪽 팔꿈치는 책상에 고인 채 말이다. 손톱을 문 적은 없는데 손톱을 무는 것과 다를 게 있나.

(나) 왼발목 앞쪽을 오른발목 뒤쪽에 올려놓기

책상에 앉아있는 시간이 길어지면 어느 순간 왼쪽 발목이 아프다. 이유가 있다. 오른쪽 발목이 누르고 있기 때문. 의식하지 않으면 오른발목은 제멋대로 허락 없이 왼발목을 압박한다. 요가할 때 발목에서 뚝- 뚝- 꺾이는 소리의 이유가 이 습관 때문일지도.

(나) 머리카락을 왼손으로 잡고 정수리에 올리기

컴퓨터 앞에 앉아있을 때 오른손은 마우스를 왼손은 머리카락을 한 손으로 잡아 들어 올린다. 지금은 단발머리라 할 수 없지만, 긴 머리일 때는 어김없이 하는 행동이다. 더운 여름이라면 특히나 더.

(나) 숨 참기

설거지할 때의 유일한 습관이다. 그릇의 절반 정도를 치웠을 때 숨이 턱 막힌다. 당연하지. 숨을 안 쉬고 있었으니까. 습관이 무섭다는 말이 맞다. 의식적으로 호흡을 하려고 하는데 까먹는다. 요가에서 들숨과 날숨 중 들숨이 힘든 이유가 이것 때문일까. (이유를 찾는 것도 습관인가)

(누군가) 입을 벌리기

이십 대 초반인가. 중반인가. 버스에 함께 탔던 친구가 놀렸던 기억이 있다. "너 왜 입 벌리고 있어?" 그 말을 듣자마자 입을 다물었고 대답은 못했다. 벌린 줄도 몰랐거든.

(누군가) 두 팔을 위로 뻗어 만세 하기

아주 오래전 TV에서 '뱃살! 이렇게 뺀다!'식의 아침방송을 봤다. 50대 일반인이 본인의 뱃살 다이어트 노하우를 공유했는데 바로 누워서 양팔을 머리 위로, 양다리를 아래로 쭉쭉 뻗은 상태를 20분 이상 유지하면 뱃살이 빠진다는 거다. 먹는 양과 활동 반경에 비해 뱃살은 덜 찌는 편인데 세상에 내가 잘 때 쭉쭉 뻗어 잔다는 걸 알았다. 그 사람의 말이 틀린 게 아니었나. 이게 아닌가. (의미 없는 이야기는 아니다. 호흡법이 중요한데 그 법칙만 지키면 어느 정도 에너지 소비가 된다고 한다)

(누군가) 티셔츠를 올려 콧물 닦기

문제의 습관. 부정하고 싶다. 코흘리개나 할 법한 습관이 내 습관이라니. 이걸 지금까지 몰랐다니. 이런저런 생각은 모두 아무 데나 꽂아 놓고 고칠 방법만 찾는다.

기도하는 식물이 있다. 진짜 기도를 하는지 알 수 없지만, 밤이 되면 모든 잎이 하늘로 솟는다. 그 모습을 보면 손바닥을 마주 대는 합장이 떠오른다. 요가에서 선생님과 마지막 인사를 나눌 때 하는 그 합장. 나마스테नमस्ते. 산스크리트어로 인도와 네팔에서 주고받는 인사말이다. 나마스테를 주고받을 때 손은 가슴 앞에서 합장한다. 마란타도 밤마다 기도하는 것처럼 합장한다. 마음에 드는 잎끼리 마주 보는 것인지 때마다 다른 것인지 관찰력이 부족해 모른다. 이름도 외우기 어려운 마란타 레우코네우라Maranta Leuconeura를 처음 본 건 1년 전 식물을 대량으로 모아놓고 판매하는 사이트에서다. 종류도 많고 가격도 다양해서 선택에 방해가 될 정도였다. 겨우 장바구니에 몇 개를 욱여넣었다. 그중 마란타가 있었다. 3,500원. 잎이 네 장 달린 작은 화분으로 왔다. 밤이 되면 기도한다는 말에 홀려 샀는데 어두워지자 하나의 잎도 빼놓지 않고 얼굴을 숨겨버렸다. 반신반의했던 기도하는 식물 덕분에 매일 아침과

밤마다 번갈아 가겨 들여다보고, 잎을 닦고, 사진을 찍고, 돌려보고, 자랑도 하고, 새잎이 나면 두 발을 구르기도 했다. 그 사이트를 매일같이 들락날락했던 건 잘 자던 밤이 길고 낯설어졌을 때였다. 한동안 잠잠했던 꿈은 매일 다른 모습으로 괴롭혔다. 무슨 일이든 의미부터 찾아야 직성이 풀려서 악몽을 꾸는 이유를 찾아다녔다. 해몽은 기본이고 풍수지리에 맞는 잠자리의 위치도 다시 찾아봤다. 머리를 동쪽으로 두고 자야 일이 잘 풀린다나. 북쪽은 악몽에 쥐약이고, 화장실 쪽, 문 쪽은 피해야 한다나. 머리 방향도 바꿔보고 동서양을 넘나들며 사주, 타로, 별자리까지. 이것저것 다 합해서 봐도 이유는 한 쪽을 가리켰다. 내가 문제였다. 그때는 내 마음이 문제라고 인정하기보다 상황을 탓하고 싶었다. 나를 힘들게 하는 것이 많다고 믿고 싶었다. 설명하기 제일 쉬운 방법이니까.

매일 아침 마란타가 합장을 푸는 시간에 나는 합장을 한다. 짧게는 10분, 다음이 동하면 50분까지. 요가 선생님의 동작에 따라 팔을 벌리고, 다리를 접고, 허리를 늘렸다가 척추 사이의 공기를 느꼈다가(아직 못 느낀다) 나의 들숨으로 몸속을 관찰한다.(아직이다) 그리고 나마스테. 가슴 앞에서 합장. 선생님은 이걸 수련이라 표현하고, 매번 칭찬해 준다. 매트 위에 앉는 걸 허락한 자신을 스스로 칭찬해 주라고. 처음에는 적개심이 들었다. 팔만 하늘로 들어도 잘하고 있다고, 힘들면 조금 구부려도 괜찮다고 하는데 괜한 반발에 부들부들 떨며 주제에 안 맞게 쭉 피고 버텼다. 언제나 멍청한 짓은 하고 나서 깨닫는다. 함께 한 지 2년이 되어가는 마란타는 죽지 않고 풍성하게 잘 자란다. 너무 많이 자라 모든 잎이 합장할 수 없는 지경이다. 지난겨울에는 분갈이를 하다가 아름다운 두 촉을 부러뜨리는 사고도 쳤지만, 나눠 심은 새끼들도 잘 적응했다. 새잎에 호들갑이었던 예전과 다르게 이제는 속으로 기뻐한다. 무심한 듯 잎을 매만진다. 주말에는 분무도 해주고 하엽은 보이면 바로 잘라준다. 지금까지 꽃대는 두 번 올라왔었는데 언젠가 마음이 맞으면 또 보여주겠지 하며 기다린다. 요가 선생님의 과한 칭찬이 적개심을 만들었던 것처럼 마란타도 그럴까 봐 야박한 쪽을 택했다.

합장하는 마란타를 찬양하고, 식물의 죽음을 두려워하지만 요가에서 좋아하는 동작은 사바아사나Savasana다. 사바sava의 뜻은 송장이다. 송장 자세. 대칭으로 바로 누운 자세다. 대부분 수련의 마무리 단계에서 한다. 쉬운 자세라고 생각하지만, 터득하기 힘든 자세라고 한다. 아침 잠결에 요가를 시작하는 경우가 대부분이라서 사바아사나를 하다가 잠이 드는 경우도 있다. 몸의 모든 긴장이 풀리기 때문이다. 그때마다 선생님은 잠들면 안 된다고 한다.

"잠들지 않습니다."

모두가 잠든 시간 마란타가 합장을 하는 진짜 이유는 스스로 습도조절을 하기 위해서다. 열대 우림의 큰 나무 아래에 서식하는 종이기 때문에 공중습도를 유지하는 게 중요하다. 비슷한 환경을 만들어줘도 완벽할 수 없다는 걸 아는지 스스로 폈다, 접었다 게으름 없이 움직인다. 마란타도 나도 생존을 위해 합장을 한다. 잘 자라는 식물을 보며 고비를 넘겼고 이제는 스스로 일어나기 위해 움직인다. 잠들지 않을 것이다. 여러 가지 의미에서.

내 이름은 이영희

1. 9월의 어느 목요일

몇 달 만에 약속이 생겼다. 웬만한 약속들은 뒤로 미루거나 아무도 모르는 동네 뒷방 사람처럼 사적인 연락은 잠시 멈춘 채 지냈다. 그러던 중 H에게 문자가 왔다.

✉

H : 나 너랑 가고 싶은데 있어

나 : 어딘데?

H : 충무로역 바로 앞인데 TV에 여러 번 나왔거든. OO다방

나 : 들어 본 것 같아!

H : 여기 나중에 같이 가자

나 : 그래!

H : 안 갈 거지?

나보다 나를 잘 아는 사람. 날짜를 정하지 않으면 안 간다

는 걸 아는 H는 화가 섞인 듯, 아닌 듯 답장을 보냈다. 고민하
지 않고 바로 답장을 보냈다.

✉

나 : 이번 주 토요일에 볼까?
H : 좋아. 완전.

그렇게 생긴 약속이다. H가 말한 OO다방은 충무로역과
을지로역 중간에 있는 아주 오래된 다방이었다. 복고풍의 인
테리어나 옷, 음악 등등 과거의 어디쯤이 유행으로 휩쓸고 가
면서 TV에 몇 번 나왔나 보다. 무슨 다방이 오전 7시부터 운영
을 하는지. 오전 11시까지는 해장라면 메뉴도 있고, 노른자 동
동 띄운 쌍화차도 있다.

✉

H : 밥은 여기서 먹자. 파스타도 있고, 오므라이스도 판대.
[링크 : 을지로3가 맛집 / 을지로 맛집 / OO맛집 위치]
나 : 그래. 그럼 예약을 하자.

식당의 위치를 찾아봤더니 자주 가는 인쇄소 골목이다. 여
기에 이런 식당이 있었다고? 매번 지나가던 길이었는데 왜 몰

랐을까. 몰랐겠구나. 잘 안 보이니까. 점심이라면 사람이 많을 것이고, 줄 서서 기다리는 건 질색팔색이니까 예약은 필수다.

📞

나 : 이번 주 토요일 12시 30분 두 명 예약 가능한가요?
? : 네. 1분이라도 늦으면 예약은 자동 취소되고요. 치온이 37도 넘으면 입장 불가입니다.
나 : 아 네.
? : 성함이 어떻게 되시나요?
나 : 이원희요.
? : 이영희님이요.
나 : 이 – 원 – 희 – 요.
? : 네. 이영희님 토요일 12시 30분, 예약 도와드릴게요.

　　　토요일은 이영희 하지 뭐. 본명보다 괜찮은데. 영희. 이영희.

✉

나 : 토요일 12시 30분 예약. 1분이라도 늦으면 취소. 37도 넘으면 입장 안 된대. 내 이름 잘 못 알아들어서 이영희로 예약됨.
H : 그 사람 귓구멍 좀 파야 되는 거 아니야?
나 : 귀찮아서 토요일은 이영희 하련다.

H : 온도 측정해서 28도 나오는 게 목표다.

나 : 28도면 저체온이야. 정상 온도에서 만나자.

H : 토요일에 만날 이영희 왜 이렇게 웃겨?

2. 9월의 어느 토요일

갈색으로 시들어 바짝 마른 틸란드시아가 천장 곳곳에 달린 곳에서 밥도 먹고, 다방에서 토마토 주스도 마셨다. 내가 마시는 게 흑설탕인지 토마토인지 분간할 수 없을 정도로 달았다. 선선한 초가을 바람이 불고, 다방에는 우리뿐이었다. 주인아주머니는 푹 들어간 계산대 안에서 요지부동. H의 옆에 열려있는 창문으로 바람이 들어왔다. H만 시원하고, 나는 더웠다. H는 냉커피를 시켰는데 커피는 다 마시고, 얼음이 조금 남아있을 때쯤 물컵의 물을 커피잔에 부었다. 그 물까지 다 마신 H는 두 모금에서 멈춰버린 내 토마토 주스를 봤다.

(다방)

H : 왜 안 마셔?

나 : 너무 달아. 심각하게 달아.

H : 맛있는데?

나 : 너 다 마셔.

분당에 사는 H는 20년 전부터 나를 만나기 위해 버스를 타고 광화문으로 온다. 우리의 약속은 언제나 오전 11시, 세종문화회관 앞 버스 정류장. 지금은 나보다 약속 장소에 일찍 도착하지만, 20년 전만 해도 나는 그곳에 우두커니 서서 30분, 40분, 1시간까지 기다린 적도 있었다. 기다리는 것에 익숙해서 화를 내거나 토라져 안 만나는 일은 없었다. 나를 보러 와준다는 게 대단했다. 지금이나 그때나 나를 보러 오는 건 여전하다. 분당에서 서울까지 타고 오는 버스의 경로가 마음에 든다고 했다. 우리는 광화문 교보문고 푸드코트에서 볶음밥을 먹고, 경복궁에 들어가 제일 한적한 곳에 앉아 미주알고주알 학교 얘기, 선생님 여기, 학원 얘기들을 했다. 경복궁은 우리의 놀이터였다. 학교도 다르고, 사는 지역도 다른 우리는 신기하게도 같은 반 친구들보다 가까웠다. 쉬는 시간이나 점심 시간에는 문자를 주고 받고, 중간고사나 기말고사가 끝난 첫 주말에는 광화문에서 만났다. H가 5년 정도 영국에서 생활하던 이십 대 초반에도 우리는 언제나 메신저를 주고받았다. 자아가 무거워서 휘청거릴 때, 그 자아가 실현되지 않아 으스러질 때마다 서로의 옆에서 지켜봤다.

(대화)

나 : 야 너는 왜 항상 나한테 좋은 이야기만 해? 진짜 내가 좋

은 사람 같잖아.

H : 너 그거 착각이야. 내가 좋은 것만 이야기하니까 그렇지.

나 : 그럼 나쁜 점도 이야기해 줘. 고칠게.

H: 너는 봄에 연락하면 바쁘다 하고, 여름에 연락하면 덜 더울 때 만나쟤. 가을에 연락하면 무슨 마감중이라 못 만나고 겨울에 연락하면 추위가 누그러지면 만나쟤. 저번에는 그러더라? 코로나 끝나면 만나자고. 그냥 만나지 말자는 거지. 몇 년 전인가. 그 시기에는 전화도 잘 안 받고, 어떻게 연결이 되서 통화를 해도 뭔가 이야기가 잘 안 되는 거야. 그래서 한동안 전화를 안 했어. 해도 안 받겠지. 받아도 그냥 그렇겠지. 처음에는 좀 씁쓸했지. 그러다가 자연스럽게 그냥 내려놨어. 아 쟤는 원래 저런 애구나.

3. 내 이름은 이영희

이영희로 식당을 예약하고, 제시간보다 일찍 도착해 체온을 확인하고, 예약자명을 말했다. 안내자와 눈을 맞추지 못했다. 토요일에는 이영희 하면된다고 대수롭지 않게 말했는데 막상 다른 이름을 말하려니까 떨렸다.

"이여언엉희요."

기어들어 가는 목소리. 10월이 되면 H는 증평으로 간다. 직장때문인데 새로운 지역에서 적응도 해야 하고, 일도 바빠지면 지금보다 만나는 건 더 힘들 거다. 그래서 서둘러 만났다. 메신저 대화는 쉬지 않고 시끄럽겠지만, 얼굴 보는 건 힘들겠지. 광화문 한복판에서, 오가는 사람이 많은 길목에서 H는 큰소리로 여러 번 물었다.

(대화)

H: 너 증평에 나 보러 을 거야? 진짜 올 거야? 너 안 올 거지!

나 : 안양 살던 아는 언니가 매번 나보고 놀러 오라고 했었거든? 근데 그 언니가 3년 뒤에 이사할 때 그러더라. 온다고 하던 이원희는 결국 나 이사할 대까지 안 왔다고. 야 근데 증평 갈게. 나 진짜 갈거야.

언제나 진심. 이건 변하지 않는 사실이다. 간다고 한 내 마음도 진심, 말도 진심이다. 나를 받아준 H는 안다. 그러니까 나를 내려놨다고 했겠지. 나라면 나 같은 애랑 친구 안 한다는 말에도 별다른 내색하지 않았겠지. 움직이기 위해서 마음의 힘이 필요한 이원희라서 못 가는 거지. 내가 이영희라면 왠지 갈 수 있을 것 같다. 그때도 이영희 하지 뭐. 내뱉을수록 마음에 드는 이름이다.

밝게 쓰세요 밝게!

비가 내린다. 태풍이 온다고 한다. 늦은 오후에 우유가 필요해 동네 슈퍼에 다녀왔다. 걷고 또 걷다가 의자에 앉아 쉬기도 하고, 다시 걸었다. 우유 때문에 나갔는데 우유 덕분에 많이 걸었다. 습한 공기에 땀이 밴 옷을 세탁기에 던져 넣고, 점심에 내려놓은 커피 한 모금을 마셨다. 금세 배가 고파졌다. 허기가 지면 생각나는 사람. 한동안 잠잠했던 사람이 오랜만에 기억의 틈바구니 위로 비죽 올라온다.

오래전, 1년 남짓 신문사 칼럼에 필자로 참여했었다. 칼럼의 주제는 '청년의 삶과 일'. 매달 한 번 2,000자 내외의 글이 신문과 포털 사이트에 실렸다. 네 명의 필자가 돌아가면서 한 주의 칼럼을 맡는 방식. 큰 틀에서 각자 소주제를 정해 쓰고, 특집 기사가 있을 땐 한 주 밀리는 그런 기사였다. 나의 삶을 가로지르며 구석구석 틈새를 들여다봤다. 나는 청년이고, 여성이고, 프리랜서이고, 글을 쓰는 사람이고, 누군가의 딸이고 동생, 이모, 처제, 누군가의 여자친구이자 1층 아주머니에겐 윗집 처녀이고, 3층 아저씨에겐 아랫집 처자인 동시에 동네 할머니들에겐 결혼 여부가 알쏭달쏭한 젊은이였다. 좋은 것은 없었다. 기쁨의 순간은 있었지만, 삶과 일 속에서 지속해서 느끼는 안정과 행복은 보이지 않는 등 뒤의 단어였다. 누군가는 그 단어에 도달할 방법으로 결혼을 말했지만, 내가 원하는 삶의 형태가 아니라는 걸 알았다. 무식하고 무모하게 나의 삶에 관해 쓰기 시작했다. 예상대로 밝은 내용은 아니었다. 아 물론 처음부터 그렇게 쓰진 않았다. 밥숟가락 뜨기 전에 밥줄 끊기는 것이 두려웠는지 조금은 따뜻하고, 교훈적이고, 훈훈한 태도를 섞었다. 그렇게 1년 남짓. 내 자리는 다른 필자로 바뀌었다. 담당 기자는 나를 위로한다며 1년 가까이 연재하는 건 꽤 오래 한 편에 속한다고 이야기했다. 그렇게 우린 문자로 작별을 고했다.

균열의 전조가 보이기 시작했던 건 매번 잘 통과하던 글의 분위기와 상반될 때부터였다. 그때마다 담당 기자에게 전화나 장문의 메일이 왔다.

"결말을 조금 긍정적인 방향으로 해보면 어떨까요?"
"이번 글의 주제는 모호해서 다른 주제로 다시 부탁드려

야할 것 같아요.”

나름 변명의, 반박의 답장을 보내면 돌아오는 대답은 엇비슷했다.

"저도 알지만, 데스크에 설득해봤는데 아무래도…”

담당 기자는 나와 비슷한 나이대였다. 부장과 같이 먹는 점심밥이 맛없고, 동료에게 ‘남친’의 유무, 주말 일과에 대한 질문의 방패용 답변이 있는 삼십 대 평범한 직장인. 연재를 막 시작했을 때, 함께 점심을 먹었다. 마주 앉아 돈가스를 먹고, 커피를 마시는 동안 연재에 관한 이야기보다 각자의 생활 이야기를 주고받았다. 주로 그녀의 회사 생활 이야기였다. 대답하기 싫은 상사의 사적인 질문들, 수십 가지 맨스플레인, 진짜 주말 일과 등등. 삶의 결은 달랐지만, 서로의 고충에는 고개를 끄덕였다. 그래서였을까. 그녀가 남기는 ‘데스크에 설득해 봤지만’이라는 말이 고마웠다. 내가 작성한 제목이 아닌 상투적이고 교훈적인 제목으로 수정된 기사가 실려도 눈을 지그시 감았다. 당시 내게 중요했던 건 정기적인 수입이었다. 그리고 몇 번의 눈을 더 감았을까.
　민감한 주제인 청년 실업과 관련된 이야기를 썼다. 절친한 친구이자 취준생으로 하루에도 수백 번 나락으로 떨어지는 생활을 하던 K의 이야기를 취재하고, 썼다. 희망은 다른 세상의 이야기였다. 원고를 넘기자마자 전화가 왔다.

"보내주신 원고 관련해 차장님께서 하실 말씀이 있다고 해서요. 바꿔드릴게요."

싸늘한 기분과 건너편의 서늘한 공기. 차장이었다. 긴 통화였다. 주로 차장이 말하고, 나는 듣기만 했다. 선생님에게 첨삭 지도를 받는 학생이 된 기분. 눈앞에서 빨간펜이 글자를 난도질하는 기분. 긴긴 통화에서 기억나는 말은 몇 문장뿐이다.

"글이 너무 어두워요. 우울해."
"이건 이렇게 쓸 게 아니고, 저렇게 써야 개연성이 있지."
"제 말대로 수정하시고! 앞으로 좀 더 밝게 쓰세요.
밝게!"

결국 기사는 데스크가 원하는 대로 제목까지 수정되어 실렸고, 포털 사이트에 업데이트되는 오전 7시부터 썩은 포도송이처럼 험악한 댓글이 줄줄 매달렸다. 하필 칼럼 하단에는 나의 사진이 함께 실렸는데 그게 좀 더 촉진제 역할을 했던 것 같다. 그나마 가장 예의 바른 댓글이 "마주치면 면상을 갈기겠다."라는 정도였으니까. 무참히 수정 당했지만, 읽는 사람에게 그 글은 온전한 나의 글이었다. 이미 취업에 성공한 것처럼 보이는 아무개가 쓴 "우리 모두 이겨내요!" 건설적인 표어 같은 글. 이후 두 번의 연재를 더 하고, 나의 자리는 다른 필자로 교체되었다. 누구의 탓도 아니다. 데스크의 풍파로부터 지켜주려 했던 담당 기자, 앞으로 밝게 쓰라던 차장, 진심으로 인신공격을 퍼붓는 이름도, 얼굴도 모르는 사람까지.

예상하지 못한 허기가 찾아오면 밝게 쓰라던 차장이 생각난다. 그 말이 아직 나의 손가락을 잡고 있는 걸 보면 밝은 글을 쓸 팔자는 아닌 것 같고, 묘하게 밝게 살라는 말처럼 들리는 건 자격지심일까. 이런 삶과 저런 삶의 경계에 살고 있다고, 이런 삶도, 저런 삶도 아닌 곳에 사는 사람도 있다고 이야기하고 싶었다. 눈에 보이지 않으면 없는 존재로 치부하는 건 치사하다. 밝은 것도 어두운 것도 아니라면 미등 같은 글은 어떨까. 옅은 밝기로 오래 버티는 그런 빛이라면 글공부 열심히 할 자신 있는데. 밝은 것만 보면 밝음에 언젠가는 눈이 멀 텐데. 허기가 지면 생각나는 그 차장을 걱정하는 건 너무 큰 오지랖인 것 같아 관둔다.

생활 민원인의 생활

시작은 동료의 부탁이었다. 경사가 가파른 오르막 삼거리에서 좌측으로 차를 돌려야 할 때 봐야 할 도로반사경이 찌그러져 있었다. 당시 근처에서 신축 빌라 공사가 진행 중이었고 하루에도 몇 번씩 좁은 골목길에 비해 거대한 공사차가 오갔다. 높이로 츠정하건대 시멘트를 옮기는 레미콘 차의 둥근 부분이 치고 지나갔을 거다. 운전 중이던 동료는 조수석에 앉아 있는 나에게 구청에 대신 민원을 넣어달라고 했다. 위치를 말해주며 "도로 반사경이 파손되었으니 고쳐달라. 좌회전할 때 위에서 내려오는 차를 제대로 확인할 수 없으니 위험하다."라는 신고 문장을 정리해줬다. 돌아서 생각하면 생활 민원인의 생활의, 서막의 시작을 알리는 순간이었다.

민원이란 주민이 행정 기관에 대하여 원하는 바를 요구하는 일이란다. 동료의 부탁이 아니었다면 민원인의 생활 근처에도 닿지 못했을 나는 이제 생활 민원인이다. 본바탕에는 귀찮음이 있기 때문에 자주 신고를 하는 건 아니다. 도로 반사경처럼 안전과 연결되는 문제가 생기면 곧장 한다. 가령 오늘 집 앞에서 본 싱크홀로 추정되는 땅 꺼짐 현상처럼 당장 신고가 필요할 때. 현장에서 바로 할 수 있는 건 핸드폰으로 신고가 가능한 애플리케이션덕분이다. '서울스마트불편신고' 이름이 조금 오묘하다. 뭐 스마트하고 스피디하게 불편함을 신고할 수 있다는 뜻이겠지. 현재 위치를 GPS로 알아서 찾아내고 – 자주 오류가 난다 – 위치를 파악하면 신고할 내용의 사진과 간단한 내용도 적는다. 이런 식이다.

- 카테고리 선택 (생활불편, 민생사범, 안전신고)
- 위치 선택
- 사진 및 동영상
- 신고 내용

며칠 전 구로구에서 발생한 싱크홀 뉴스가 생각났다. 구로구에 비하면 쥐똥만 한 구멍이었는데 이미 거대한 구멍을 본 뒤라 상상의 구멍이 걷잡을 수 없이 커져 내가 사는 건물이 무너지는 지경까지 갔다. 상상은 과하고, 과한 상상은 꿈으로 연결된다. 신고는 어쩔 수 없는 방지책이다.

2020-08-31 22:55:08 신고 접수
싱크홀로 추정되는 땅 꺼짐 현상이 있습니다. 매우 위험해
보입니다.

집으로 들어와 설거지를 하는데 전화가 울린다. 늦은 시간
이라 갸우뚱했지만, 디 충 관공서 번호 같다는 생각이 들어 얼
른 받았더니 신고한 곳의 정확한 위치를 물어보고 끊었다.

2020-09-01 01:03:08 신고 완료
현장 방문하여 모래로 임시조치 완료하였으며 도로과에서
사후관리 예정입니다.

신고가 완료되면 인증 사진이 온다. 나의 신고가 어떻게
처리되었는지 후기를 보내준다. 이런 걸 보면 뭐든 빠른 곳에
서 살고 있다는 걸 느낀다. (아닐 수도 있다) 덕분에 그동안 신
고한 내용을 쭉 읽어봤다. 컴퓨터나 전화로 신고한 내용까지
포함되어 있진 않다. 전화로 신고한 건 공사 소음이나 분진 때
문이었고, 컴퓨터르 한 건 흡연과 관련된 거였다. (이야기하자
면 너무 길고, 고단하고, 속상하다)

2019-07-08 20:21:11

땡땡 사거리 붉은 신호등에 불이 들어오지 않아 위험합니다.

2019-11-05 16:39:17

도로반사경이 파손되어있어 위험합니다. (이건 다른 곳의 도로반사경 이야기다)

2019-11-27-11:45:29

울퉁불퉁한 도보에 걸려 넘어졌습니다. 해당 도보로 차량진입이 많은 편인데 보행할 때 매우 위험합니다.

2020-01-08 20:00:18

불법 쓰레기와 주차로 인해 도보 통행이 어렵고 불편합니다. 차도로 돌아서 걸어야 할 때가 많아 위험합니다.

위험합니다. 위험합니다. 매우 위험합니다. 위험합니다. 아, 내가 위험한 걸 위험할 정도로 싫어하는구나. 뭐가 그렇게 위험하다고 했을까. 신고 사진을 하나씩 눌러봤다. 위험해 보인다. 거짓말을 한 건 아닌데 웃음이 났다. 위험함의 위험한 상상이 엄지손가락과 카메라를 바쁘게 움직였다. '이 신고가 누군가에게 도움이 된다면'이라는 생각보다 '내가 다칠까 봐'

신고했던 그 부근은 며칠 째 모래주머니 몇 개가 쌓여 있다. 기분 나쁜 미세한 구멍을 안 봐도 되니까 괜찮다. 긴 태풍이 지나가면 구멍에 뭐라도 채워 넣겠지.

　일어나지 않은 일을 두고 마치 일어난 것처럼 겁을 먹는 경우가 종종 있다. 자주 있다. 진짜 일이 일어나면 '그래. 결국 이렇게 돼버렸잖아. 내 말이 맞잖아.' 라고 생각한다. 고치고 싶은 습관 중 하나다. 고쳐지지 않는 습관 중 하나이기도. 옆 사람이 불안할 정도로 낙천적인 시기도 있었는데 어느 순간 이렇게 반대 지점에 와있는지 모르겠다. 거르지 않고 드는 나이와 자연스럽게 쌓이는 경험 때문일까. 내 생활에 온갖 쓰러지는 수식어들만 달려든다고 느꼈나. 새해가 되면 속으로 몇 가지 소원을 빈다. 좀 더 친절할 것. 책을 더 많이 읽을 것. 화를 줄일 것. 상대에게 표현을 많이 할 것 등등. 착실하게 빌다가 소원 개수에 짓눌리는 게 문제지만 그래도 빈다. 그래도 하나는 지키겠지. 내년에도 착실하게 몇 가지를 빌어볼 계획이다. 걱정을 줄일 것. 싱크홀 걱정을 줄일 것. 너무 위험하다고 생각하지 않을 것. 건강 염려증을 줄일 것. 아프면 병원에 갈 것. 벌써 많다. 그냥 생긴 대로 살 것.

　점심으로 마포역 근처 큰 길가에 있는 국숫집에서 막국수와 묵사발, 메밀전을 먹었습니다. 식사 자리에서 며칠 전, 엘리베이터 안에서 뇌출혈로 쓰러져 갑작스럽게 세상을 등진 어느 오십 대 남성에 대한 이야기를 들었습니다. 으레 인간관계가 그렇듯 몇 다리 건너면 알 수 있는 그런 사람으로 고향이 제주도 모슬포라고 합니다. 우리 부모 세대에게는 고슬포란 제주에서도 시골 축에 끼는 곳인데 부모, 형제 모두 모슬포에 있었고, 사망한 그 남자만 서울살이를 했다네요. 혼자 사는 사람이 모두 그런 것은 아니지만, 일에만 매달렸다고 해요. 일만 많이 했으니 모아 둔 돈도 많았겠죠. 으리으리한 집과 무시무시한 자동차, 혼기를 놓쳐 처자식 하나 없이 혈혈단신 혼자의 생활을 하다가 출근길 엘리베이터 안에서 그렇게 되어버렸다는 그런 이야기였어요. 사실 진짜 이야기는 지금부터입니다. 장례를 치른 부모, 형제는 사망한 그 사람의 집을 정리하던 중 큰 궤짝에서 자그마치 현금 20억을 발견했고, 부모는 나머지

네 명의 형제들에게 각 2억씩 나눠줬답니다. 사실 처음에는 1억씩 나눠줬는데 형제들의 반발이 심해 1억씩 더 얹어줬다고 해요. 20억이라는 숫자가 죽은 남자에 대한 실의를 잊게 한 걸까요. 1억이 적다고 반발했다는 형제들의 모습과 남은 돈은 어떻게 되었을까를 쉽게 상상하는 저의 머릿속을 대걸레로 닦고 싶었습니다.

종종 죽음에 대해 생각합니다. 나의 죽음이요. 예상할 수 없는 일들이 예고 없이 터지는 세상에 살고 있으니 어쩌면 당연한 상상이겠지요. 속담처럼 여겨지는 어르신의 말 중 거부감이 컸던 것은 "오는데 순서 있지만, 가는데 순서 없다"는 말이었습니다. 그들보다 상대적으로 어리고, 젊은 나에게만 해당하는 말이니까요. 내가 먼저 갈 수 있다는 의미니까요. 하지만 이제는 그 순서에 대해 진지하게 생각해 봅니다.

나는 지금까지 세 번 정도 죽음의 문턱을 경험했습니다. 삶과 죽음이 종이 한 장 차이일 수 있다는 걸 느꼈달까요. 첫 번째 경험은 십 대 초반이었습니다. 언덕에서 고속으로 내려오던 오토바이 손잡이에 가방끈이 걸려 치이는 사고였습니다. 나는 언덕을 가로질러 건너며 건너편에 서 있는 친구에게 손을 흔들었고, 언덕 중반쯤 다다랐을 때 미처 속도를 줄이지 못

한 중국집 배달 오토바이에 치였습니다. 순식간에 일어난 그 장면을 본 친구는 며칠 밥을 먹지 못했다고 합니다. 나는 병원에 도착한 후 배와 가슴에 무언가 잔뜩 붙어 있을 때 깨어났습니다. 그사이의 기억은 없습니다. 두 번째는 십 대 후반, 급심한 위경련에 위가 꼬이고, 숨을 쉬지 못해 누군가의 등에 업혀 구급차에 실려 갔습니다. 등에 기대어 숨을 헐떡이는 그 순간 태어나서 가장 아름다운 박명을 봤습니다. 마치 천국으로 가는 길인 것처럼요. 그리고 이십 대 후반, 간단한 수술을 받기 전 맞은 마취 주사의 부작용으로 급성 쇼크가 와 이십 분 정도 기절했습니다. 나는 기억나지 않지만, 그 정도 누워있었다네요. 숨이 끊어지는 경험은 아니지만, 정신은 끊겼으니 일종의 죽음 체험이라고 생각합니다.

쓰고 보니 아찔합니다. 더 살고 싶은 마음에 아찔한 것은 아니고, 죽음을 준비하지 않은 상태에서 떠난다고 생각하니 아찔합니다. 죽은 사람이 뭘 알겠냐마는 그런 것들이 걱정입니다. 뭐 예를 들어 정리하지 못한 외장하드 속 난잡한 생각들, 누구나 열어 볼 수 있는 수십 권의 노트들, 버리지 못하고 어딘가 처박아 둔 추억 꾸러미들(치부들). 뒤엉켜 있는 옷장 속 옷들, 속옷들, 양말들, 내가 아닌 타인에게는 짐짝 같은 화분들, 여기저기 흩어져 있는 통장들, 가입해 둔 각종 웹사이트

기록들… 다 적기에도 넘치는 나와 관련된 모든 것들… 이런 것들이 모두 살아있을 때 나만 죽는다고 생각하니 아찔합니다. 준비할 수 있는 죽음이란 가능하냐고 물으신다면 나의 외할머니 이야기를 해드리고 싶습니다.

수년 전 떠나신 외할머니는 예지몽의 대가셨습니다. 통화한다면 저녁 8시에나 전화를 하시던 외할머니는 그날따라 낮에 전화하셨습니다. 다른 말은 없으셨고 "보고 싶다."는 말씀만 하셨습니다. 하던 일을 대충 마무리하고, 버스를 타고, 전철을 타고 외할머니 댁으로 갔습니다. 마음은 이미 거센 파도처럼 일렁였지만, 아무 내색 하지 않았고, 내어주신 귤만 몇 개 까먹었습니다. 그러던 중 간밤에 꾼 꿈 이야기를 하셨습니다. 내용을 풀이하자면 본인에게 남아있는 날이 얼마 없다는 그런 의미였습니다. 나는 손사래를 치며 장난이 심하시다고 했지만, 할머니의 표정은 진지했습니다. 귤은 이미 동이 났고, 나는 할머니의 말에만 집중할 수밖에 없었습니다. 수년 전이지만, 그날의 기억은 또렷합니다. 할머니는 나에게 일러둬야 할 것들을 하나씩, 차분하게 설명하셨습니다. 통장의 보관 위치, 각종 비밀번호, 챙겨야 할 서류들, 심지어 주방 수납장에 보관되어있던 된장, 고추장, 간장은 절대 버리지 말고 꼭 챙기라는 말씀까지. "너 엄마는 뒷심이 없어 이런 얘기 하면 울기부터 한다."는 말을 덧붙이셨습니다. 그래서 나는 울지 못했습니다. 나도 뒷심이 없지만, 할머니의 착각이지만, 울면 안 될 것 같았습니다. 다음날, 부모님은 외할머니를 모시고 집으로 가셨습니다. 그로부터 한 달 뒤, 할머니는 부모님댁 맑은 하늘이 보이는 2층 방에서 운명하셨습니다.

우리끼리의 일화지만, 기묘한 일도 있었다는 걸 말하고 싶습니다. 생이 다하면 훨훨 나는 새가 되고 싶다던 외할머니께서 부모님 댁으로 가셨을 때 마당에 있는 우체통에 새 한 마리가 둥지를 틀었습니다. 할머니의 생이 조금씩 당겨질수록 어미 새는 집을 튼튼하게 만들고, 작은 알 세 개를 품었습니다. 알에서 새끼가 나와 입을 뻐끔거리기라도 하면 꼭 할머니가 떠나실 것 같아 나쁜 마음을 먹기도 했습니다만 결국 할머니는 운명하셨고, 새들도 떠났습니다. 할머니는 새가 되셨을까요. 모를 일이지요.

나의 죽음을 준비하고 싶습니다. 아주 천천히, 조금씩 말입니다. 그러려면 틈틈이 정리도 하고, 영구폐기할 것들은 싹 다 모아 태워버려야 할텐데 뒤돌아서면 까먹고 귀찮은 것 투성인 사는 게 너무 당연해져버린 사람입니다. 죽기 전까지 죽음을 준비할 수 있을까요. 내일부터라도 하나씩 연습해보려고 합니다. 필요 없는 물건부터 모아보면 길이 좀 보이지 않겠습니까. 다음 달의 나는 또 새로운 물건에 눈이 돌아가 있겠지만

요. 그렇게 애써 죽음을 준비하셨던 할머니의 집을 엄마와 단둘이 정리하던 날 바닥에 남아있는 할머니의 머리카락을 손으로 쓸면서 뒷심이 없는 엄마와 나는 열심히 울음을 참았습니다. 스스로 생의 마감을 준비했던 마음의 발치에도 따라가지 못할 테니까요. 20억을 남기고 떠났다는 오십 대 남자의 이야기가 긴 편지로 이어지게 될 줄 몰랐습니다만 이 편지를 받으시는 분께서도 준비할 수 있는 죽음에 대해 생각해 보시길 바랍니다. 귀찮은 것이 많은 사람이라 자연의 순리를 믿는 편입니다. 모두 순리대로 살다 가시길 바랍니다.

추신. 나는 이 편지를 쓰는 동안 우습게도 필립 글래스의 〈오프닝〉이라는 곡을 들었습니다.

7월 1일 (화)

이상한 꿈

잠을 잤는데 이상한 꿈을 꾸었다
우주선을 타고 별나라에 갔는데
외계인들이 나를 외계인으로
만들려고 해서 무서웠다.
그때 외계인에게 친구하자고
먼저 말했다.
그래서 UFO 처럼 생긴 것을
구경시켜주는데 신기하고
무서워서 헤메는데
엄마 목소리가 들렸다
눈을 떠보니 엄마가 깨우면서
옆에계셨고 생각해보니
꿈을 꾼것이다.

1997년 7월 1일의 생생한 꿈

생생한 꿈과 그날의 평점

(**꿈**) 비가 내린다. 창문을 닫고 자는 걸 깜빡했다. 이미 비바람이 휘몰아친 뒤 알아챘다. 황급히 작은방으로 간다. 창틀에 올려진 화분 다섯 개 중 두 개가 내동댕이쳐졌다. 아글라오네마와 아단소니. 아글라오네마는 창틀 위에서 쓰러져 젖은 흙이 벽지를 더럽혔고, 아단소니는 바닥으로 떨어졌다. 난감하다. 나는 그대로 뒤돌아 작은방에서 나온다.

(**현실**) 집의 모습, 방의 구조, 창틀에 놓인 화분 개수는 정확히 일치했다. 다만 식물의 종류는 달랐다. 꿈속의 아글라오네마는 몇 주 전 중고 거래로 판매해 더 이상 집에 있지 않기 때문이다. 무엇보다 회피형 성격을 그대로 반영한 '그대로 뒤돌아 나온' 자신, 꿈에서조차 회피한 자신에게 박수를 보낸다.

생생함 ★★★★★ | 현실성 ★★★ | 독창성 ★

(**꿈**) 용산에서 탄 엘리베이터에 갇힌다. 문이 열리지 않는 건 기본이고 위아래 심지어 양옆으로 움직인다. 엘리베이터인데 옆으로 움직이는 사실에 목 놓아 운다. 어디선가 멈추고 문이 열린다. 대학로다. 분명 대학로에서 내렸는데 거리의 모습은 충무로다. 때마침 비가 내린다. 우산 없이 비를 맞으며 용산으로 돌아가기 위해 엘리베이터를 찾아 보지만, 없다.

(**현실**) 수년 전 대학 병원의 좁은 엘리베이터에 환자 한 명과 갇힌 적이 있다. 당시 환자의 망연자실한 모습과 배터리 잔량 1%의 핸드폰, 구조 연락이 원활하지 않았던 엘리베이터의 비상벨 등 모든 상황이 불안을 증폭시켰다. 그 후로 어두운 공간, 모든 문이 닫힌 공간, 사람으로 가득 찬 대중교통을 타면 숨이 가빠지고, 복통이 시작된다. 무의식의 세계에서는 꼭 꿈으로, 악몽으로 사람을 괴롭힌다. 엘리베이터의 변주가 시작된다. 양옆으로 움직이면 전철이겠거니 하면 좋을 텐데 꿈 속의 나는 바보라서 일단 울고 본다.

생생함 ★★★★★ | 현실성 ★ | 독창성 ★★★★

(**꿈**) 지상을 달리는 전철 안에서 중학생 소년과 시비가 붙는다. 이유는 없다. 두 개의 역을 지나칠 동안 전철의 한가운데에서 서로에게 발길질하며 마치 아마추어 철권 대결처럼 꽤 진지한 난투극을 벌인다. 치열한 싸움이 이어지고 싸움의 승자가 된 소년은 기쁨을 만끽한다.

(**현실**) 어이가 없는 장면에 실소가 터져 나왔다. 꿈에서 한 번만이라도 이겨봤으면.

생생함 ★★★★★ | 현실성 ★ | 독창성 ★★★

(**꿈**) 이곳은 시리아. 빨래터에서 빨래를 한다. 다 헹궈진 줄 알았던 빨래에 비눗물이 남아있어 다시 들고 돌아간다. 수상한 남녀가 나에게 다가온다. 내가 쓰는 수도를 쓰려길래 황급히 마무리하고 자리를 벗어난다. 빨래터 입구에서 중학교 동창을 마주친다. 한껏 멋을 내고 왔다. 내가 이곳에 있다는 걸 알고 왔다. 장면은 인파가 많은 역 근처로 바뀐다. 어떤 차가 굉음을 내며 우리 쪽으로 달려온다. 그때부터 우리는 쫓긴다. 영문도 모른 채 쫓기기 시작한다.

(**현실**) 시답지 않은 것에 영향을 받으면 쫓기는 꿈을 꾼다. 나를 쥐고, 흔들고, 몰아갈 때 꾸는 단골 꿈이다. 억울하지만 당한다. 이긴 적은 없다. 꿈의 배경이 시리아인 이유는 최근에 본 뉴스 때문일 것이다. 뇌의 구석 어딘가에 시리아의 뉴스가 콕 박혔다.

생생함 ★★★★ | 현실성 ★ | 독창성 ★★★★★

(**꿈**) 사이가 벌어졌으면 하는 친구 둘이 불어로 대화한다. 유창한 실력으로 이야기를 나눈다. 나는 못 알아듣지만, 최선을 다해 알아듣는 척한다. 고개를 끄덕이고, 눈치껏 함께 웃는다. 웃는 동시에 장면은 어느 교실로 바뀐다. 바깥은 전쟁 중이다. 교실에는 나를 포함한 대여섯 명이 앉아 수업을 기다린다. 바깥에서 공격당한 중국 군인이 교실로 들어오려고 한다. 나는 재빠르게 뛰어가 문을 닫는다. 무장한 군인 무리가 교실을 둘러싸고 무차별적으로 총을 난사한다. 나는 모든 총알을 피한다.

(**현실**) 마지막 총알을 피할 때 잠에서 깼다. 심장이 세차게 뛴다. 잠시 상황을 살핀다. 눈을 끔뻑끔뻑 조심스럽게 고개를 돌려본다. 당연히 집이다. 조용하고 어두운 방에 혼자 누워 있다. 손을 옆으로 뻗어 더듬더듬 핸드폰을 찾고 수면 모드에 가려진 화면을 깨운다. 반쯤 뜬 눈으로 검색창에 자판을 친다. ‘총아ㄹ ㅍㅣ해느ㅡ 꾸ㅁ’ 똑똑한 검색창은 엉망으로 써도 알아서 검색해 준다. 대충 횡재수가 있다는데. 다시 잠들기는 글렀다.

생생함 ★★★★ | 현실성 ★ | 독창성 ★★★

(**꿈**) 여러 가지 장면이 교차한다. 많은 사람이 등장한다. 동쪽 동네의 아파트 1층이다. 엘리베이터 앞 로비에 사람들이 모여있다. 직계 가족으로 보이는 사람들 그리고 애인. 엘리베이터 앞에서 인사를 나눈다. 엘리베이터를 타고 싶지 않지만, 가야 하는 곳은 애인의 집이 있는 15층. 두려움을 절감하고자 많은 사람의 틈 속에 끼어 탄다. 7층에서 모르는 할머니와 그녀의 손녀가 내리고, 다시 내려간다. 나는 올라가야 하는데 다시 내려간다. 불안하다. 천금 같은 시간이 흐른 뒤 겨우 15층에서 내렸다. 나머지 사람들은 다시 1층으로 내려간다. 15층 그의 집으로 저벅저벅 걸어 들어간다. 첫 방문이다. 설렌다. 작고 노란 조명을 켠다. 서랍을 열어 콘돔을 사놓았다고 보여준다. 언제 이런 걸 샀냐고 좋아한다.

(**현실**) 이런 종류의 꿈을 두고 '잡탕 같은 꿈'이라고 한다. 의미도, 예지도 없는 잡탕 같은 장면만 교차하는 꿈.

생생함 ★★ | 현실성 ★ | 독창성 ★

(**꿈**) 친구와 마주 본다. 깊은 포옹을 나눈다. 나에게 잘해 줬지만, 딱 그만큼이었다. 차를 타고 놀이공원에 간다. 함께 놀려고 했는데 차에서 어서 내리란다. 같이 놀자는 줄 알았는 데 데려다주기 위해 왔다고 한다. 혼자 놀이공원에 서 있다. 헤 어진 친구에게서 장문의 문자가 도착한다. 운동을 열심히 하 면 다시 활기차게 지낼 수 있을 거라고, 힘내라고, 잘 지내라 고 한다.

(**현실**) 사이가 소원해진 친구는 잊을만하면 꿈에 나타나 안부 인사를 건넨다. 문득 나도 친구의 꿈에 불쑥 나타나 인사 를 남기고 떠나는지 궁금해진다. 진심으로 궁금하다.

생생함 ★ | 현실성 ★ | 독창성 ★

(**꿈**) 흐드러지게 핀 꽃 사이로 외할머니가 걸어 나오신다. 평소 아끼느라 잘 입지 않으셨던 새 옷을 입고 친구 두 분과 이야기를 나누신다. 반가운 마음에 말을 걸고 싶은데 목소리가 나오지 않는다. 얼른 눈으로만 인사하고 지나친다. 깨끗한 옷과 밝은 표정, 건강한 몸. 외할머니의 멀어지는 뒷모습을 끝까지 지켜본다.

(**현실**) 망자의 꿈을 꾸면 의미를 부여하는 일이 배로 든다. 돌아가시기 전의 노쇠했던 모습을 기억하기에 건강한 모습, 밝은 모습의 외할머니를 만나면 반가워 안기고 싶다. 무슨 이유인지 꿈속에서 망자를 만나면 대화도 할 수 없고 접촉도 할 수 없다. 멀리서 지켜보거나 멀어지는 모습을 손으로 잡으려다 깬다. 잠에서 깨면 멍한 슬픔이 몰려온다.

생생함 ★★★★★ | 현실성 ★ | 독창성 ★

야들야들 오밀조밀 어찌저찌 흐물흐물

초판 1쇄 발행 2023년 11월 3일

지은이 이원희
디자인 정은지 (정원사 jeongwonsa)
그림 LWH

펴낸곳 아베크(AVEC)
출판등록 2012년 11월 8일 제2018-000069호
주소 서울시 용산구 책범로90길 70 303호
전자우편 avecmagazine@gmail.com
홈페이지 www.avecmagazine.kr
인스타그램 @avecmagazine

ISBN 979-11-968482-1-7(03810)

폰트 제공: 산돌구름